COLLECTION FOLIO

François Poullain
de La Barre

De l'égalité des deux sexes

Discours physique et moral
Où l'on voit l'importance de se défaire des préjugés

ÉDITION ÉTABLIE ET PRÉSENTÉE
PAR MARTINE REID

Gallimard

PRÉSENTATION

En 1949, Simone de Beauvoir publie le premier volume du *Deuxième Sexe*. En exergue, elle a placé deux citations, l'une de Pythagore (« Il y a un principe bon qui a créé l'ordre, la lumière et l'homme et un principe mauvais qui a créé le chaos, les ténèbres et la femme »), l'autre de François Poullain de La Barre[1] (« Tout ce qui a été écrit par les hommes sur les femmes doit être suspect car ils sont à la fois juge et partie »). Le premier auteur cité est une figure canonique des débuts de la philosophie grecque, le second un philosophe cartésien qui n'est plus alors connu de personne. Le propos du penseur français sert toutefois à débouter l'affirmation de Pythagore et de bien d'autres à sa suite ; il permet aussi à l'auteure du *Deuxième Sexe* d'afficher d'emblée sa position : une femme parlera des femmes, en toute connaissance de cause – et voilà Poullain de La Barre tiré (un peu) de l'oubli.

1. Le catalogue de la Bibliothèque nationale de France recommande la graphie « Poullain de La Barre » ; c'est celle que nous adoptons à sa suite.

Les réflexions portant sur la condition des femmes et les préjugés dont elles sont l'objet ne commencent certes pas avec cet érudit, né à Paris en 1647, étudiant en théologie puis docteur en Sorbonne. Dès la fin du Moyen Âge, la « querelle des femmes » inspire de nombreuses publications qui s'emploient à faire la preuve tantôt de l'infériorité, tantôt de l'« excellence » des représentantes du deuxième sexe, rappelant leurs défauts innombrables ou leurs vertus en tous genres, exemples historiques à l'appui[1]. Christine de Pizan est la figure la plus emblématique des débats portant sur les capacités intellectuelles des femmes. Contre les vues du clergé et des savants de son temps, l'auteure du *Livre de la Cité des dames* (1405) rappelle que les opinions des hommes ne sont pas nécessairement fondées en raison et défend le droit des femmes à l'instruction.

Près de deux siècles plus tard, celle qui a été surnommée la « fille d'alliance de Montaigne », Marie Le Jars de Gournay, constate que la domination des hommes sur les femmes est largement fondée sur l'absence d'instruction de celles-ci ou sur son insuffisance. Dans *Égalité des hommes et des femmes* (1622), elle fait observer que, pas plus que les femmes, les hommes ne naissent sages, justes, naturellement disposés au bien et à la réflexion ; ils acquièrent ces qualités grâce à l'éducation et rien ne porte à croire qu'ils possèdent à

1. Cf. les trois volumes consacrés à cette question entre 1400 et les lendemains de la Révolution (*Revisiter la « querelle des femmes »*, sous la direction d'Éliane Viennot, Publications de l'université de Saint-Étienne, 2012, 2013).

cet égard des dispositions différentes de celles des femmes. La première, Marie de Gournay imagine un autre type de rapport entre les sexes (en tout point égalitaire en dépit de différences d'ordre biologique), et ultimement un autre modèle de société. Quelques dizaines d'années après, même si le cartésianisme a rompu avec la pensée de la fin de la Renaissance, les idées défendues, en philosophe, par Poullain de La Barre feront en partie écho aux siennes.

Le parcours intellectuel d'un jeune homme ordonné prêtre après ses études de théologie rappelle celui d'autres penseurs radicaux de la fin du XVIIe et du début du XVIIIe siècle, qui s'éloignent du catholicisme et contestent plus ou moins ouvertement ses vues. Alors qu'il occupe la cure de La Flamengrie, en Picardie, Poullain de La Barre abandonne la pensée scolastique pour celle de Descartes et publie successivement trois ouvrages directement inspirés par la « méthode » du mathématicien et physicien philosophe : *De l'égalité des deux sexes* (1673), *De l'éducation des dames pour la conduite de l'esprit dans les sciences et dans les mœurs* (1674) et *De l'excellence des hommes contre l'égalité des sexes* (1675) qui n'a d'autre objet, malgré un titre provocateur, que de poursuivre les réflexions des deux premiers livres[1]. En 1688, trois ans après la révocation de l'édit de Nantes, Poullain de La Barre, converti au protestantisme,

1. Marie-Frédérique Pellegrin a donné de ces trois textes une édition critique de référence (Paris, Librairie philosophique Vrin, « Textes cartésiens », 2011).

se réfugie à Genève. Il s'y marie en 1690. Après avoir vécu des bénéfices de son enseignement et pourvu du titre de « bourgeois de Genève », il y meurt en 1723.

Malgré plusieurs rééditions, son œuvre semble avoir suscité relativement peu d'écho au temps de sa publication : Gabrielle Suchon y revient dans *La Contrainte* (1693), ses propositions sur l'éducation des femmes sont parfois discutées au regard de celles de Fénelon, Montesquieu fait allusion à *De l'égalité des deux sexes* dans la lettre XXXVIII des *Lettres persanes*. Traduit en anglais dès 1677, l'ouvrage inspire également quelques publications préféministes, celles de Mary Astell, de Sophia (ce nom de plume n'a pas été identifié), plus tard de Mary Wollstonecraft[1]. Au XIXe siècle, le nom de Poullain de La Barre semble définitivement oublié.

Le titre complet de son premier ouvrage, *De l'égalité des deux sexes. Discours physique et moral. Où l'on voit l'importance de se défaire des préjugés*, annonce on ne peut plus clairement « le but de ce discours » : il s'agit de prouver que les femmes se trouvent vis-à-vis des hommes dans un rapport d'égalité ; pour en apporter la preuve, il convient de ne rien négliger, ni les questions regardant les différences physiques ni celles qui intéressent les différences morales, les unes et les autres ne pou-

1. Cf. Elsa Dorlin, *L'évidence de l'égalité des sexes : une philosophie oubliée du XVIIe siècle*, Paris, L'Harmattan, 2001 et Guyonne Leduc, *Réécritures anglaises au XVIIIe siècle de « L'égalité des deux sexes » (1673) de François Poullain de La Barre : du politique au polémique*, Paris, L'Harmattan, 2010.

vant être confondues, comme le fait volontiers le discours misogyne ; il s'agit enfin de démontrer que la somme considérable de préjugés les concernant ne sont que des représentations collectives remontant loin dans le temps, que philosophes, savants et artistes se sont contentés de répéter sans les interroger.

Poullain de La Barre invite à penser par soi-même, sans se référer aux auteurs d'autrefois (pas plus que Pythagore, Platon et Aristote ne font sur les femmes autorité à ses yeux) mais sans partager pour autant l'opinion des ignorants. Il fait observer que les hommes ont tout intérêt à répéter les préjugés courants à l'endroit des femmes, les lois elles-mêmes semblant « n'avoir été faites que pour maintenir les hommes dans la possession où ils sont », et se propose de soumettre à l'examen, « sérieusement et sans intérêt », le fait que, sous toutes les latitudes et à toutes les époques, les femmes ont été considérées comme des êtres imparfaits et méprisables, impropres à l'éducation. Cette pratique du doute systématique lui permet d'arriver à la conclusion que, quel que soit le domaine, la supériorité des uns et l'infériorité des autres ne peuvent trouver leur fondement ni dans une condition physique particulière (« la loi du plus fort » apparaît singulièrement limitée) ni dans quelque « tempérament » : « Les deux sexes sont égaux pour le corps et pour l'esprit », affirme-t-il, et toute autre conviction provient « d'une fausse idée que l'on se fait de la coutume », ce que les deux parties qui composent le livre s'occupent à démontrer. « Les savants et les ignorants sont tellement prévenus de la pensée que les femmes sont inférieures aux hommes en capacité et en mérite, [...] qu'on ne manquera pas de regarder le sentiment contraire comme un paradoxe singulier », fait encore observer l'auteur, mesurant combien son propos rompt avec la tradition.

Les analyses de Poullain de La Barre découlent d'une claire application de la pensée au monde comme il s'offre aux lumières de la raison ; au-delà d'un plaidoyer pour l'égalité des sexes, elles en appellent à une révolution complète de l'ordre social et politique grâce à l'éducation[1]. En effet, s'il est légitime de reconnaître aux femmes les mêmes aptitudes intellectuelles que les hommes, et donc de leur offrir la possibilité de se former dans toutes les disciplines, ce constat a pour conséquence logique leur accès aux emplois de professeur, médecin, avocat, commissaire de police, chef des armées ou ambassadeur. L'auteur va plus loin encore quand il imagine que les femmes pourraient être ordonnées pasteurs, prêtres et tout ce qui s'ensuit. Dès lors, c'en est fini de la hiérarchie « naturelle » et de toutes les figures qu'elle peut prendre au sein de la société ; c'en est fini du pouvoir aux mains du seul sexe masculin, des autorités religieuses, des savants et des rois.

On comprend qu'une telle pensée ait pu paraître parfaitement utopique ou totalement fantaisiste, et soit demeurée longtemps isolée. La

1. Cf. Siep Stuurman, *François Poullain de La Barre and the Invention of Modern Equality*, Cambridge, Harvard University Press, 2004.

position personnelle de Poullain de La Barre y a sûrement contribué, lui qui s'est éloigné de la scolastique pour embrasser la pensée rationaliste, qui a ensuite abandonné le catholicisme au profit de la religion « prétendue réformée » comme l'appelaient les détracteurs du protestantisme, et qui a fini ses jours à Genève.

Par ses analyses systématiques des préjugés, par son plaidoyer pour l'accès des femmes à l'éducation et aux fonctions qui en sont la conséquence, François Poullain de La Barre prend place dans une longue lignée d'hommes et de femmes attentifs à interroger les idées reçues, mais plus encore à désigner un horizon utopique et à penser les conditions de sa réalisation, celle d'une société vraiment égalitaire, débarrassée des multiples formes que prend la domination d'un sexe sur l'autre, et où les hommes et les femmes, semblables et différents, trouvent harmonieusement leur place. Ce fut, dans des termes divers, le souhait de Christine de Pizan, de Marie de Gournay et de Gabrielle Suchon, de Condorcet, Fourier et Stuart Mill, d'Olympe de Gouges, de George Sand, plus tard d'Hubertine Auclert, de Madeleine Pelletier et de bien d'autres avant Simone de Beauvoir ; c'est toujours le nôtre.

MARTINE REID

NOTE SUR LE TEXTE

Nous reproduisons ici la première édition de *De l'égalité des deux sexes. Discours physique et moral. Où l'on voit l'importance de se défaire des préjugés* publiée à Paris en 1673 dans une version modernisée. Nous avons limité l'appareil des notes de la présente édition (appelées par des numéros) aux informations strictement nécessaires à la compréhension du texte. Quant aux notes appelées par un astérisque, elles sont de François Poullain de La Barre.

PRÉFACE

Contenant le plan et le but de ce discours

Il n'y a rien de plus délicat que de s'expliquer sur les femmes. Quand un homme parle à leur avantage, l'on s'imagine aussitôt que c'est par galanterie ou par amour, et il y a grande apparence que la plupart jugeant de ce discours par le titre croiront d'abord qu'il est l'effet de l'un ou de l'autre, et seront bien aises d'en savoir au vrai le motif et le dessein. Le voici.

La plus heureuse pensée qui puisse venir à ceux qui travaillent à acquérir une science solide, après avoir été instruits selon la méthode vulgaire, c'est de douter si on les a bien enseignés et de vouloir découvrir la vérité par eux-mêmes.

Dans le progrès de leur recherche, il leur arrive nécessairement de remarquer que nous sommes remplis de préjugés*, et qu'il faut y renoncer absolument pour avoir des connaissances claires et distinctes.

Dans le dessein d'insinuer une maxime si importante, l'on a cru que le meilleur était de

* *C'est-à-dire de jugements portés sur les choses, sans les avoir examinées.*

choisir un sujet déterminé et éclatant, où chacun prît intérêt, afin qu'après avoir démontré qu'un sentiment aussi ancien que le monde, aussi étendu que la terre, et aussi universel que le genre humain, est un préjugé ou une erreur, les savants puissent être enfin convaincus de la nécessité qu'il y a de juger des choses par soi-même après les avoir bien examinées, et de ne s'en point rapporter à l'opinion ni à la bonne foi des autres hommes si l'on veut éviter d'être trompé.

De tous les préjugés, on n'en a point remarqué de plus propre à ce dessein que celui qu'on a communément sur l'inégalité des deux sexes.

En effet, si on les considère en l'état où ils sont à présent, on observe qu'ils sont plus différents dans les fonctions civiles et qui dépendent de l'esprit que dans celles qui appartiennent au corps. Et si on en cherche la raison dans les discours ordinaires, on trouve que tout le monde, ceux qui ont de l'étude et ceux qui n'en ont point, et les femmes même, s'accordent à dire qu'elles n'ont point de part aux sciences ni aux emplois parce qu'elles n'en sont pas capables, qu'elles ont moins d'esprit que les hommes et qu'elles leur doivent être inférieures en tout comme elles sont.

Après avoir examiné cette opinion suivant la règle de vérité, qui est de n'admettre rien pour vrai qui ne soit appuyé sur des idées claires et distinctes, d'un côté elle a paru fausse et fondée sur un préjugé, et sur une tradition populaire, et de l'autre on a trouvé que les deux sexes sont égaux, c'est-à-dire que les femmes sont aussi nobles, aussi parfaites et aussi capables que les hommes. Cela ne peut être établi qu'en réfutant deux sortes d'adversaires, le vulgaire et presque tous les savants.

Le premier n'ayant pour fondement de ce qu'il croit que la coutume et de légères apparences, il semble qu'on ne le peut mieux combattre qu'en lui faisant voir comment les femmes ont été assujetties et exclues des sciences et des emplois, et après l'avoir conduit par les états et les rencontres principales de la vie, lui donner lieu de reconnaître qu'elles ont des avantages qui les rendent égales aux hommes, et c'est ce que comprend la première partie de ce traité.

La seconde est employée à montrer que les preuves des savants sont toutes vaines. Et après avoir établi le sentiment de l'égalité par des raisons positives, on justifie les femmes des défauts dont on les accuse ordinairement en faisant voir qu'ils sont imaginaires ou peu importants, qu'ils viennent uniquement de l'éducation qu'on leur donne, et qu'ils marquent en elles des avantages considérables.

Ce sujet pouvait être traité en deux façons : ou galamment, c'est-à-dire d'une manière enjouée et fleurie, ou bien en philosophe et par principes, afin d'en instruire à fond.

Ceux qui ont une idée juste de la véritable éloquence savent bien que ces deux manières sont presque inalliables et qu'on ne peut guère éclairer l'esprit et l'égayer par la même voie. Ce n'est pas qu'on ne puisse joindre la fleurette avec la raison, mais ce mélange empêche souvent la fin qu'on se doit proposer dans les discours, qui est de convaincre et de persuader, ce qu'il y a d'agréable amusant l'esprit, et ne lui permettant pas de s'arrêter au solide.

Et comme l'on a pour les femmes des regards particuliers, si dans un ouvrage fait sur leur sujet on mêle quelque chose de galant, ceux qui le lisent poussent leurs pensées plus loin et perdent de vue ce qui les devrait occuper.

C'est pourquoi n'y ayant rien qui regarde plus les femmes que ce dessein, où l'on est obligé de dire en leur faveur ce qu'il y a de plus fort et de vrai autant que la bizarrerie du monde le peut souffrir, on a cru qu'il fallait parler sérieusement et en avertir, de peur que la pensée que ce serait un ouvrage de galanterie ne le fasse passer légèrement ou rejeter par les personnes scrupuleuses.

L'on n'ignore pas que ce discours fera beaucoup de mécontents, et que ceux dont les intérêts et les maximes sont contraires à ce qu'on avance ici ne manqueront pas de crier contre. Pour donner moyen de répondre à leurs plaintes, l'on avertit les personnes d'esprit, et particulièrement les femmes qui ne sont point la dupe de ceux qui prennent autorité sur elles, que si elles se donnent la peine de lire ce traité avec l'attention que mérite au moins la variété des matières qui y sont, elles remarqueront que le caractère essentiel de la vérité, c'est la clarté et l'évidence. Ce qui leur pourra servir à reconnaître si les objections qu'on leur apportera sont considérables ou non. Elles pourront remarquer que les plus spécieuses leur seront faites par des gens que leur profession semble engager aujourd'hui à renoncer à l'expérience, au bon sens et à eux-mêmes, pour embrasser aveuglément tout ce qui s'accorde avec leurs préjugés et leurs intérêts, et à combattre toutes sortes de vérités qui semblent les attaquer.

Et l'on prie de considérer que les mauvais effets qu'une terreur panique leur ferait appréhender de cette entreprise n'arriveront peut-être pas à l'égard d'une seule femme, et qu'ils sont contrepesés par un grand bien qui en peut revenir, n'y ayant peut-être pas de voie plus naturelle ni plus pure pour tirer la plupart des femmes de l'oisiveté où elles sont réduites, et des inconvénients qui la suivent que de les porter à l'étude, qui est presque la seule chose à quoi les dames puissent à présent s'occuper, en leur faisant connaître qu'elles y sont aussi propres que les hommes.

Et comme il n'y a que ceux qui ne sont pas raisonnables qui abusent au préjudice des femmes des avantages que leur donne la coutume, il ne pourrait y avoir aussi que des femmes peu judicieuses qui se servissent de cet ouvrage pour s'élever contre les hommes, qui les traiteraient comme leurs égales ou leurs compagnes. Enfin si quelqu'un se choque de ce discours pour quelque cause que ce soit, qu'il s'en prenne à la vérité et non à l'auteur, et pour s'exempter de chagrin qu'il se dise à lui-même que ce n'est qu'un jeu d'esprit. Il est certain que ce tour d'imagination ou un semblable, empêchant la vérité d'avoir prise sur nous, la rend de beaucoup moins incommode à ceux qui ont peine à la souffrir.

PREMIÈRE PARTIE

Où l'on montre que l'opinion vulgaire est un préjugé, et qu'en comparant sans intérêt ce que l'on peut remarquer dans la conduite des hommes et des femmes, on est obligé de reconnaître entre les deux sexes une égalité entière.

Les hommes sont persuadés d'une infinité de choses dont ils ne sauraient rendre raison parce que leur persuasion n'est fondée que sur de légères apparences, auxquelles ils se sont laissés emporter et ils eussent cru aussi fortement le contraire si les impressions des sens ou de la coutume les y eussent déterminés de la même façon.

Hors un petit nombre de savants, tout le monde tient comme une chose indubitable que c'est le soleil qui se meut autour de la terre, quoique ce qui paraît dans la révolution des jours et des années porte également ceux qui y font attention à penser que c'est la terre qui se meut autour du soleil. L'on s'imagine qu'il y a dans les bêtes quelque connaissance qui les conduit, par la même raison que les sauvages se figurent qu'il y a un petit démon dans les horloges et dans les machines qu'on leur montre, dont ils ne connaissent point la fabrique ni les ressorts.

Si l'on nous avait élevés au milieu des mers sans jamais nous faire approcher de la terre, nous n'eussions pas manqué de croire en changeant de place sur un vaisseau que c'eussent été les rivages qui se fussent éloignés de nous, comme le croient les enfants au départ des bateaux. Chacun estime que son pays est le meilleur parce qu'il y est plus accoutumé, et que la religion dans laquelle il a été nourri est la véritable qu'il faut suivre, quoiqu'il n'ait peut-être jamais songé à l'examiner ni à la comparer avec les autres. On se sent toujours plus porté pour ses compatriotes que pour les étrangers, dans les affaires où le droit même est pour ceux-ci. Nous nous plaisons davantage avec ceux de notre profession, encore qu'ils aient moins d'esprit et de vertu. Et l'inégalité des biens et des conditions fait juger à beaucoup de gens que les hommes ne sont point égaux entre eux.

Si on cherche sur quoi sont fondées toutes ces opinions diverses, on trouvera qu'elles ne le sont que sur l'intérêt ou sur la coutume, et qu'il est incomparablement plus difficile de tirer les hommes des sentiments où ils ne sont que par préjugé que de ceux qu'ils ont embrassés par le motif des raisons qui leur ont paru les plus convaincantes et les plus fortes.

L'on peut mettre au nombre de ces jugements celui qu'on porte vulgairement sur la différence des deux sexes et sur tout ce qui en dépend. Il n'y en a point de plus ancien ni de plus universel.

Les savants et les ignorants sont tellement prévenus de la pensée que les femmes sont inférieures aux hommes en capacité et en mérite, et qu'elles doivent être dans la dépendance où nous les voyons, qu'on ne manquera pas de regarder le sentiment contraire comme un paradoxe* singulier.

Cependant il ne serait pas nécessaire pour l'établir d'employer aucune raison positive si les hommes étaient plus équitables et moins intéressés dans leurs jugements. Il suffirait de les avertir qu'on n'a parlé jusqu'à présent qu'à la légère de la différence des deux sexes au désavantage des femmes, et que pour juger sainement si le nôtre a quelque prééminence naturelle par-dessus le leur, il faut y penser sérieusement et sans intérêt, renonçant à ce qu'on en a cru sur le simple rapport d'autrui et sans l'avoir examiné.

Il est certain qu'un homme qui se mettrait en cet état d'indifférence et de désintéressement reconnaîtrait d'une part que c'est le peu de lumière et la précipitation qui font tenir que les femmes sont moins nobles et moins excellentes que nous, et que c'est quelques indispositions naturelles qui les rendent sujettes aux défauts et aux imperfections qu'on leur attribue, et méprisables à tant de gens. Et de l'autre part, il verrait que les apparences mêmes qui trompent le peuple sur leur sujet, lorsqu'il les passe légèrement, serviraient à le détromper s'il les approfondissait un peu. Enfin, si cet homme était philosophe, il

* *Opinion contraire à celle du public.*

trouverait qu'il y a des raisons physiques qui prouvent invinciblement que les deux sexes sont égaux pour le corps et pour l'esprit.

Mais comme il n'y a pas beaucoup de personnes en état de pratiquer eux seuls cet avis, il demeurerait inutile si on ne prenait la peine de travailler avec eux pour les aider à s'en servir, et parce que l'opinion de ceux qui n'ont point d'étude est la plus générale, c'est par elle qu'il faut commencer notre examen.

Si l'on demande à chaque homme en particulier ce qu'il pense des femmes en général et qu'il le veuille avouer sincèrement, il dira sans doute qu'elles ne sont faites que pour nous et qu'elles ne sont guère propres qu'à élever les enfants dans leur bas âge, et à prendre le soin du ménage. Peut-être que les plus spirituels ajouteraient qu'il y a beaucoup de femmes qui ont de l'esprit et de la conduite, mais que si l'on examine de près celles qui en ont le plus, on y trouvera toujours quelque chose qui sent leur sexe ; qu'elles n'ont ni fermeté ni arrêt, ni le fond d'esprit qu'ils croient reconnaître dans le leur, et que c'est un effet de la providence divine et de la sagesse des hommes de leur avoir fermé l'entrée des sciences, du gouvernement et des emplois ; que ce serait une chose plaisante de voir une femme enseigner dans une chaire, l'éloquence ou la médecine en qualité de professeur, marcher par les rues suivie de commissaires et de sergents pour y mettre la police, haranguer devant les juges en qualité d'avocat, être assise sur un tribunal pour y rendre justice, à la tête d'un parlement, conduire une armée, livrer une bataille et parler devant les républiques ou les princes comme chef d'une ambassade.

J'avoue que cet usage nous surprendrait, mais ce ne serait que par la raison de la nouveauté. Si en formant les états et en établissant les différents emplois qui les composent, on y avait aussi appelé les femmes, nous serions accoutumés à les y voir, comme elles le sont à notre égard. Et nous ne trouverions pas plus étrange de les voir sur les fleurs de lys[1] que dans les boutiques.

Si on pousse un peu les gens, on trouvera que leurs plus fortes raisons se réduisent à dire que les choses ont toujours été comme elles sont à l'égard des femmes, ce qui est une marque qu'elles doivent être de la sorte et que si elles avaient été capables des sciences et des emplois, les hommes les y auraient admises avec eux.

Ces raisonnements viennent de l'opinion qu'on a de l'équité de notre sexe et d'une fausse idée que l'on s'est forgée de la coutume. C'est assez de la trouver établie pour croire qu'elle est bien fondée. Et comme l'on juge que les hommes ne doivent rien faire que par raison, la plupart ne peuvent s'imaginer qu'elle n'ait pas été consultée pour introduire les pratiques qu'ils voient si universellement reçues, et l'on se figure que c'est la raison et la prudence qui les ont faites à cause que l'une et l'autre obligent de s'y conformer lorsqu'on ne peut se dispenser de les suivre sans qu'il arrive quelque trouble.

1. Autrement dit de les voir en train de rendre la justice, les fleurs de lys signifiant le pouvoir royal.

Chacun voit en son pays les femmes dans une telle sujétion qu'elles dépendent des hommes en tout, sans entrée dans les sciences ni dans aucun des états qui donnent lieu de se signaler par les avantages de l'esprit. Nul ne rapporte qu'il ait vu les choses autrement à leur égard. On sait aussi qu'elles ont toujours été de la sorte et qu'il n'y a point d'endroit de la terre où on ne les traite comme dans le lieu où l'on est. Il y en a même où on les regarde comme des esclaves. À la Chine on leur tient les pieds petits dès leur enfance pour les empêcher de sortir de leurs maisons où elles ne voient presque jamais que leurs maris et leurs enfants. En Turquie les dames sont resserrées d'aussi près. Elles ne sont guère mieux en Italie. Quasi tous les peuples d'Asie, de l'Afrique et de l'Amérique usent de leurs femmes comme on fait ici des servantes. Partout on ne les occupe que de ce que l'on considère comme bas, et parce qu'il n'y a qu'elles qui se mêlent des menus soins du ménage et des enfants, l'on se persuade communément qu'elles ne sont au monde que pour cela, et qu'elles sont incapables de tout le reste. On a de la peine à se représenter comment les choses pourraient être bien d'une autre façon, et il paraît même qu'on ne les pourrait jamais changer, quelque effort que l'on fît.

Les plus sages législateurs, en fondant leurs républiques, n'ont rien établi qui fût favorable aux femmes pour ce regard. Toutes les lois semblent n'avoir été faites que pour maintenir les hommes dans la possession où ils sont. Presque tout ce qu'il y a eu de gens qui ont passé pour savants et qui ont parlé des femmes n'ont rien dit à leur avantage, et l'on trouve la conduite des hommes si uniforme à leur endroit, dans tous les siècles et par toute la terre, qu'il semble qu'ils y sont entrés de concert ou bien, comme plusieurs s'imaginent, qu'ils ont été portés à en user de la sorte, par un instinct secret, c'est-à-dire par un ordre général de l'auteur de la nature.

On se le persuade encore davantage en considérant de quelle façon les femmes mêmes supportent leur condition. Elles la regardent comme leur étant naturelle. Soit qu'elles ne pensent point à ce qu'elles sont, soit que naissant et croissant dans la dépendance, elles la considèrent de la même manière que font les hommes. Sur toutes ces vues, les unes et les autres se portent à croire que leurs esprits sont aussi différents que leurs corps, et qu'il doit y avoir entre les deux sexes autant de distinction dans toutes les fonctions de la vie qu'il y en a entre celles qui leur sont particulières. Cependant cette persuasion, comme la plupart de celles que nous avons sur les coutumes et sur les usages, n'est qu'un pur préjugé que nous formons sur l'apparence des choses faute de les examiner de près, et dont nous nous détromperions si nous pouvions nous donner la peine de remonter jusqu'à la source, et juger en beaucoup de rencontres de ce qui s'est fait autrefois par ce qui se fait aujourd'hui, et des coutumes anciennes par celles que nous voyons s'établir de notre temps. Si on avait suivi cette règle en une infinité de jugements, on ne serait pas tombé en tant de méprises, et dans ce qui concerne la condition présente des femmes, on aurait reconnu qu'elles n'ont été assujetties que par la loi du plus fort, et que ce n'a pas été faute de capacité naturelle ni de mérite qu'elles n'ont point partagé avec nous ce qui élève notre sexe au-dessus du leur.

En effet quand on considère sincèrement les choses humaines dans le passé et dans le présent, on trouve qu'elles sont toutes semblables en un point, qui est que la raison a toujours été la plus faible, et il semble que toutes les histoires n'aient été faites que pour montrer ce que chacun voit de son temps, que depuis qu'il y a des hommes la force a toujours prévalu. Les plus grands empires de l'Asie ont été dans leur commencement l'ouvrage des usurpateurs et des brigands, et les débris de la monarchie des Grecs et des Romains n'ont été recueillis que par des gens qui se crurent assez forts pour résister à leurs maîtres et pour dominer sur leurs égaux. Cette conduite n'est pas moins visible dans toutes les sociétés, et si les hommes en usent ainsi à l'égard de leurs pareils, il y a grande apparence qu'ils l'ont fait d'abord à plus forte raison, chacun à l'égard de sa femme. Voici à peu près comment cela est arrivé.

Les hommes remarquant qu'ils étaient les plus robustes, et que dans le rapport du sexe ils avaient quelque avantage de corps, se figurèrent qu'il leur appartenait en tout. La conséquence n'était pas grande pour les femmes au commencement du monde. Les choses étaient dans un état très différent d'aujourd'hui, il n'y avait point encore de gouvernement, de science, d'emploi ni de religion établie, et les idées de dépendance n'avaient rien du tout de fâcheux. Je m'imagine qu'on vivait alors comme des enfants et que tout l'avantage était comme celui du jeu ; les hommes et les femmes qui étaient alors simples et innocents s'employaient également à la culture de la terre ou à la chasse comme font encore les sauvages. L'homme allait de son côté et la femme allait du sien ; celui qui apportait davantage était aussi le plus estimé.

Les incommodités et les suites de la grossesse diminuant les forces de la femme durant quelque intervalle et les empêchant de travailler comme auparavant, l'assistance de leurs maris leur devenait absolument nécessaire, et encore plus lorsqu'elles avaient des enfants. Tout se terminait à quelques regards d'estime et de préférence, pendant que les familles ne furent composées que du père et de la mère avec quelques petits enfants. Mais lorsqu'elles se furent agrandies, et qu'il y eut en une même maison le père et la mère du père, les enfants des enfants, avec des frères et des sœurs, des aînés et des cadets, la dépendance s'étendit et devint ainsi plus sensible. On vit la maîtresse se soumettre à son mari, le fils honorer le père, celui-ci commander à ses enfants, et comme il est très difficile que les frères s'accordent toujours parfaitement, on peut juger qu'ils ne furent pas longtemps ensemble qu'il n'arrivât entre eux quelque différend. L'aîné, plus fort que les autres, ne leur voulut rien céder. La force obligea les petits de ployer sous les plus grands. Et les filles suivirent l'exemple de leur mère.

Il est aisé de s'imaginer qu'il y eut alors dans

les maisons plus de fonctions différentes, que les femmes obligées d'y demeurer pour élever leurs enfants prirent le soin du dedans, que les hommes étant plus libres et plus robustes se chargèrent du dehors, et qu'après la mort du père et de la mère, l'aîné voulut dominer. Les filles accoutumées à demeurer au logis ne pensèrent point à en sortir. Quelques cadets mécontents et plus fiers que les autres refusant de prendre le joug furent obligés de se retirer et de faire bande à part. Plusieurs de même humeur s'étant rencontrés s'entretinrent de leur fortune et firent aisément amitié, et, se voyant tous sans bien, cherchèrent les moyens d'en acquérir. Comme il n'y en avait point d'autre que de prendre celui d'autrui, ils se jetèrent sur celui qui était le plus en main, et, pour le conserver plus sûrement, se saisirent en même temps des maîtres auxquels il appartenait.

La dépendance volontaire qui était dans les familles cessa par cette invasion. Les pères et les mères furent contraints d'obéir avec leurs enfants à un injuste usurpateur, et la condition des femmes en devint plus fâcheuse qu'auparavant. Car au lieu qu'elles n'avaient épousé jusque-là que des gens de leur famille qui les traitaient comme sœurs, elles furent après cela contraintes de prendre pour maris des étrangers inconnus qui ne les considérèrent que comme le plus beau du butin.

C'est l'ordinaire des vainqueurs de mépriser ceux d'entre les vaincus qu'ils estiment les plus faibles. Et les femmes le paraissant, à cause de leurs fonctions qui demandaient moins de force, furent regardées comme étant inférieures aux hommes.

Quelques-uns se contentèrent d'une première usurpation, mais d'autres plus ambitieux, encouragés par le succès de la victoire, voulurent pousser plus loin leurs conquêtes. Les femmes étant trop humaines pour servir à ces injustes desseins, on les laissa au logis, et les hommes furent choisis comme étant plus propres aux entreprises où l'on a besoin de force. En cet état l'on n'estimait les choses qu'autant qu'on les croyait utiles à la fin qu'on se proposait, et le désir de dominer étant devenu une des plus fortes passions, et ne pouvant être satisfait que par la violence et l'injustice, il ne faut pas s'étonner que les hommes, en ayant été seuls les instruments, aient été préférés aux femmes. Ils servirent à retenir les conquêtes qu'ils avaient faites ; on ne prit que leurs conseils pour établir la tyrannie parce qu'il n'y avait qu'eux qui les pussent exécuter, et de cette sorte la douceur et l'humanité des femmes fut cause qu'elles n'eurent point de part au gouvernement des États.

L'exemple des princes fut bientôt imité par leurs sujets. Chacun voulut l'emporter sur son compagnon, et les particuliers commencèrent à dominer plus absolument sur leurs familles. Lorsqu'un seigneur se vit maître d'un peuple et d'un pays considérable, il en forma un royaume ; il fit des lois pour le gouverner, prit des officiers entre les hommes, et éleva aux charges ceux qui l'avaient mieux servi dans ses entreprises. Une préférence si notable d'un sexe à l'autre fit que les femmes furent encore moins considérées et, leur humeur et leurs fonctions les éloignant du carnage et de la guerre, on crut qu'elles n'étaient capables de contribuer à la conservation des royaumes qu'en aidant à les peupler.

L'établissement des états ne se put faire sans mettre de la distinction entre ceux qui les composaient. L'on introduisit des marques d'honneur qui servirent à les discerner, et on inventa des signes de respect pour témoigner la différence qu'on reconnaissait entre eux. On joignit ainsi à l'idée de la puissance, la soumission extérieure que l'on rend à ceux qui ont l'autorité entre les mains.

Il n'est pas nécessaire de dire ici comment Dieu a été connu des hommes, mais il est constant qu'il en a été adoré depuis le commencement du monde. Pour le culte qu'on lui a rendu, il n'a été régulier que depuis qu'on s'est assemblé pour faire des sociétés publiques. Comme l'on était accoutumé à révérer les puissances par des marques de respect, on crut qu'il fallait aussi honorer Dieu par quelques cérémonies qui servissent à témoigner les sentiments qu'on avait de sa grandeur. On bâtit des temples, on institua des sacrifices, et les hommes qui étaient déjà les maîtres du gouvernement ne manquèrent pas de s'emparer encore du soin de ce qui concernait la religion ; et la coutume ayant déjà prévenu les femmes que tout appartenait aux hommes, elles ne demandèrent point d'avoir part au ministère. L'idée qu'on avait de Dieu s'étant extrêmement corrompue par les fables et par les fictions poétiques, l'on se forgea des divinités mâles et femelles, et l'on institua des prêtresses pour le service de celles de leur sexe, mais ce ne fut que sous la conduite et sous le bon plaisir des prêtres.

L'on a vu aussi quelquefois des femmes gouverner de grands États, mais il ne faut pas pour cela s'imaginer que c'est qu'elles y eussent été appelées par esprit de restitution ; c'est qu'elles avaient eu l'adresse de disposer les affaires de sorte qu'on ne pouvait leur ôter l'autorité d'entre les mains. Il y a aujourd'hui des États héréditaires où les femelles succèdent aux mâles pour être reines ou princesses ; mais il y a sujet de croire que, si l'on a laissé d'abord tomber ces royaumes-là en quenouille, ce n'a été que pour éviter de tomber en guerre civile, et si l'on a permis les régences, on ne l'a fait que dans la pensée que les mères qui aiment toujours extraordinairement leurs enfants prendraient un soin particulier de leurs états, pendant leur minorité.

Ainsi les femmes n'ayant eu à faire que leur ménage et y trouvant assez de quoi s'occuper, il ne faut pas s'étonner qu'elles n'aient point inventé de sciences, dont la plupart n'ont été d'abord que l'ouvrage et l'occupation des oisifs et des fainéants. Les prêtres des Égyptiens qui n'avaient pas grand-chose à faire s'amusaient ensemble à parler des effets de la nature qui les touchaient davantage. À force de raisonner, ils firent des observations dont le bruit excita la curiosité de quelques hommes qui les vinrent rechercher. Les sciences n'étant encore qu'au berceau ne tirèrent point les femmes de leurs maisons, outre que la jalousie qui brouillait déjà les maris leur eût fait croire qu'elles eussent été visiter les prêtres plutôt pour l'amour de leur personne que des connaissances qu'ils avaient.

Lorsque plusieurs en furent imbus, ils s'assemblèrent en certains lieux pour en parler plus à leur aise. Chacun disant ses pensées, les sciences se perfectionnèrent. On fit des académies où l'on n'appela point les femmes, et elles furent de cette sorte exclues des sciences comme elles l'étaient du reste.

La contrainte dans laquelle on les retenait n'empêcha pas que quelques-unes n'eussent l'entretien ou les écrits des savants, elles égalèrent en peu de temps les plus habiles, et comme on s'était déjà forgé une bienséance importune, les hommes n'osant venir chez elles, ni les autres femmes s'y trouver de peur qu'on n'en prît ombrage, elles ne firent point de disciples ni de sectateurs, et tout ce qu'elles avaient acquis de lumière mourait inutilement avec elles.

Si l'on observe comment les modes s'introduisent et s'embellissent de jour en jour, on jugera aisément qu'au commencement du monde, on ne s'en mettait guère en peine. Tout y était simple et grossier. On ne songeait qu'au nécessaire. Les hommes écorchaient des bêtes, et en attachant les peaux ensemble s'en ajustaient des habits. Le commode vint après, et chacun s'habillant à sa guise, les manières qu'on trouva qui soient le mieux ne furent point négligées, et ceux qui étaient sous le même prince ne manquèrent pas de se conformer à lui.

Il n'en fut pas des modes comme du gouvernement et des sciences. Les femmes y eurent part avec les hommes, et ceux-ci remarquant qu'elles en étaient plus belles n'eurent garde de les en priver, et les uns et les autres trouvant qu'on avait meilleure grâce et qu'on plaisait davantage avec certains ajustements, les recherchèrent à l'envi, mais les occupations des hommes étant plus grandes et plus importantes les empêchèrent de s'y appliquer si fort.

Les femmes montrèrent en cela leur prudence et leur adresse. S'apercevant que les ornements étrangers les faisaient regarder des hommes avec plus de douceur, et qu'ainsi leur condition en était plus supportable, elles ne négligèrent rien de ce qu'elles crurent pouvoir servir à se rendre plus aimables. Elles y employèrent l'or, l'argent et les pierreries aussitôt qu'elles furent en vogue, et voyant que les hommes leur avaient ôté le moyen de se signaler par l'esprit, elles s'appliquèrent uniquement à ce qui pouvait les faire paraître plus agréables. Elles s'en sont depuis fort bien trouvées, et leurs ajustements et leur beauté les ont fait considérer plus que n'auraient fait tous les livres et toute la science du monde. La coutume en était trop bien établie pour recevoir quelque changement dans la suite, la pratique en a passé jusqu'à nous, et il semble que c'est une tradition trop ancienne pour y trouver quelque chose à redire.

Il paraît manifestement par cette conjoncture

historique et conforme à la manière d'agir si ordinaire à tous les hommes que ce n'a été que par empire qu'ils se sont réservé les avantages extérieurs auxquels les femmes n'ont point de part. Car afin de pouvoir dire que ç'a été par raison, il faudrait qu'ils ne les communiquassent entre eux qu'à ceux qui en sont les plus capables ; qu'ils en fissent le choix avec un juste discernement, qu'ils n'admissent à l'étude que ceux en qui ils auraient reconnu plus de disposition pour les sciences, qu'ils n'élevassent aux emplois que ceux qui y seraient les plus propres, qu'on en exclût tous les autres, et qu'enfin on n'appliquât chacun qu'aux choses qui leur seraient les plus convenables.

Nous voyons que c'est le contraire qui se pratique, et qu'il n'y a que le hasard, la nécessité ou l'intérêt qui engage les hommes dans les états différents de la société civile. Les enfants apprennent le métier de leur père parce qu'on leur en a toujours parlé. Tel est contraint de prendre une robe qui aimerait mieux une épée, si cela était à son choix, et on serait le plus habile homme du monde qu'on n'entrera jamais dans une charge si l'on n'a pas de quoi l'acheter.

Combien y a-t-il de gens dans la poussière qui se fussent signalés si on les avait un peu poussés ? Et de paysans qui seraient de grands docteurs si on les avait mis à l'étude ? On serait assez mal fondé de prétendre que les plus habiles gens d'aujourd'hui soient ceux de leur temps qui ont eu plus de disposition pour les choses en quoi ils éclatent, et que dans un si grand nombre de personnes ensevelies dans l'ignorance, il n'y en a point qui avec les mêmes moyens qu'ils ont eus se fussent rendus plus capables.

Sur quoi donc peut-on assurer que les femmes y soient moins propres que nous, puisque ce n'est pas le hasard, mais une nécessité insurmontable, qui les empêche d'y avoir part ? Je ne soutiens pas qu'elles soient toutes capables des sciences et des emplois ni que chacune le soit de tous, personne ne le prétend non plus des hommes, mais je demande seulement qu'à prendre les deux sexes en général, on reconnaisse dans l'un autant de disposition que dans l'autre.

Que l'on regarde seulement ce qui se passe dans les petits divertissements des enfants. Les filles y font paraître plus de gentillesse, plus de génie, plus d'adresse ; lorsque la crainte ou la honte n'étouffent point leurs pensées, elles parlent d'une manière plus spirituelle et plus agréable. Il y a dans leurs entretiens plus de vivacité, plus d'enjouements et plus de liberté ; elles apprennent bien plus vite ce qu'on leur enseigne ; quand on les applique également, elles sont plus assidues et plus patientes au travail, plus soumises, plus modestes et plus retenues. En un mot, on remarque en elles dans un degré plus parfait toutes les qualités excellentes qui font juger que les jeunes hommes en qui elles se trouvent sont plus propres aux grandes choses que leurs égaux.

Cependant, quoique ce qui paraît dans les deux sexes, lorsqu'ils ne sont encore qu'au berceau, suffise déjà pour faire juger que le plus beau donne aussi plus de belles espérances, on n'y a aucun égard. Les maîtres et les instructions ne sont que pour les hommes, on prend un soin tout particulier de les instruire de tout ce qu'on croit le plus propre à former l'esprit, pendant qu'on laisse languir les femmes, dans l'oisiveté, dans la mollesse et dans l'ignorance, ou ramper dans les exercices les plus bas et les plus vils.

Mais aussi, il ne faut que des yeux pour reconnaître qu'il est en cela de deux sexes comme de deux frères dans une famille, où le cadet fait voir souvent, nonobstant la négligence avec laquelle on l'élève, que son aîné n'a pardessus lui que l'avantage d'être venu le premier.

À quoi sert ordinairement aux hommes l'éducation qu'on leur donne ? Elle est inutile à la plupart pour la fin qu'on s'y propose, et elle n'empêche pas que beaucoup ne tombent dans le dérèglement et dans le vice, et que d'autres ne demeurent toujours ignorants, et même ne deviennent encore plus sots qu'ils n'étaient. S'ils avaient quelque chose d'honnête, d'enjoué et de civil, ils le perdent par l'étude. Tout les choque et ils choquent tout ; on dirait qu'ils ne se seraient occupés durant leur jeunesse qu'à voyager dans un pays où ils n'auraient fréquenté que des sauvages, tant ils rapportent chez eux de rudesse et de grossièreté dans leurs manières. Ce qu'ils ont appris est comme des marchandises de contrebande, qu'ils n'oseraient ou ne sauraient débiter, et s'ils veulent rentrer dans le monde et y bien jouer leur personnage, ils sont obligés d'aller à l'école des dames pour y apprendre la politesse, la complaisance, et tout le dehors qui fait aujourd'hui l'essentiel des honnêtes gens.

Si l'on considérait cela de près, au lieu de mépriser les femmes parce qu'elles n'ont pas de part aux sciences, on les en estimerait heureuses, puisque si d'un côté, elles sont privées par là des moyens de faire valoir les talents et les avantages qui leur sont propres, de l'autre côté, elles n'ont pas l'occasion de les gâter ou de les perdre, et nonobstant cette privation, elles croissent en vertu, en esprit et en bonne grâce à mesure qu'elles croissent en âge ; et si l'on comparait sans préjugé les jeunes hommes au sortir de leurs études avec des femmes de leur âge et d'un esprit proportionné sans savoir comment les uns et les autres ont été élevés, on croirait qu'ils ont eu une éducation toute contraire.

L'extérieur seul, l'air du visage, les regards, le marcher, la contenance, les gestes ont dans les femmes quelque chose de posé, de sage et d'honnête qui les distingue assez des hommes. Elles observent en tout exactement la bienséance, on ne peut être plus retenu qu'elles le sont. On n'entend point sortir de leur bouche de paroles à double entente. Les moindres équivoques blessent leurs oreilles, et elles ne peuvent souffrir la vue de tout ce qui choque la pudeur.

Le commun des hommes a une conduite tout opposée. Leur marcher est souvent précipité, leurs gestes bizarres, leurs yeux mal réglés, et ils ne se divertissent jamais davantage que lorsqu'ils s'entretiennent et se repaissent des choses qu'il faudrait taire ou cacher.

Que l'on fasse conversation ensemble ou séparément avec les femmes et avec ce qu'on appelle savant dans le monde. On verra quelle différence il y a entre les uns et les autres. On dirait que ce que les hommes se mettent dans la tête en étudiant ne sert qu'à boucher leur esprit et à y porter la confusion. Peu s'énoncent avec netteté, et la peine qu'ils ont à arracher leurs paroles fait perdre le goût à ce qu'ils peuvent dire de bon, et à moins qu'ils ne soient fort spirituels, et avec des gens de leur sorte, ils ne peuvent soutenir une heure de conversation.

Les femmes, au contraire, disent nettement et avec ordre ce qu'elles savent, les paroles ne leur coûtent rien, elles commencent et continuent comme il leur plaît, et leur imagination fournit toujours d'une manière inépuisable lorsqu'elles sont en liberté. Elles ont le don de proposer leurs sentiments avec une douceur et une complaisance qui servent autant que la raison à les insinuer, au lieu que les hommes les proposent ordinairement d'une manière sèche et dure.

Si l'on met quelque question sur le tapis en présence des femmes un peu éclairées, elles en découvrent bien plus tôt le point de vue, elles la regardent par plus de faces, ce que l'on dit de vrai trouve plus de prise dans leur esprit ; et quand on s'y connaît un peu, et qu'on ne leur est point suspect, on remarque que les préjugés qu'elles ont ne sont pas si forts que ceux des hommes et les mettent moins en garde contre la vérité qu'on avance. Elles sont éloignées de l'esprit de contradiction et de dispute auquel les savants sont si sujets, elles ne pointillent point vainement sur les mots, et ne se servent point de ces termes scientifiques et mystérieux si propres à couvrir l'ignorance, et tout ce qu'elles disent est intelligible et sensible.

J'ai pris plaisir à m'entretenir avec des femmes de toutes les conditions différentes que j'ai pu rencontrer à la ville et aux champs pour en découvrir le fort et le faible, et j'ai trouvé dans celles que la nécessité ou le travail n'avaient point rendues stupides, plus de bon sens que dans la plupart des ouvrages qui sont beaucoup estimés parmi les savants vulgaires.

En parlant de Dieu, pas une ne s'est avisée de me dire qu'elle *se l'imaginait sous la forme d'un vénérable vieillard*. Elles disaient au contraire qu'elles ne pouvaient se l'imaginer, c'est-à-dire se le représenter sous quelque idée semblable aux hommes, qu'elles concevaient qu'il y a un Dieu, parce qu'elles ne comprenaient pas que ni elles ni ce qui les environne soient les ouvrages du hasard ou de quelque créature, et que la conduite de leurs affaires n'étant pas un effet de leur prudence, parce que le succès en venait rarement par les voies qu'elles avaient prises, il fallait que ce fût l'effet d'une providence divine.

Quand je leur ai demandé ce qu'elles pensaient de leur âme, elles ne m'ont pas répondu que c'est une flamme fort subtile ou la disposition des organes de leur corps, ni qu'elle soit capable de s'étendre ou de se resserrer, elles répondaient au contraire qu'elles sentaient bien qu'elle est distinguée de leurs corps, et que tout ce qu'elles en pouvaient dire de plus certain, c'est qu'elles ne croyaient pas qu'elle fût rien de semblable à aucune des choses qu'elles apercevaient par les sens, et que si elles avaient étudié, elles sauraient précisément ce que c'est.

Il n'y a pas une garde qui s'avise de dire comme les médecins que leurs malades se portent mieux, parce que la *faculté coctrice fait louablement ses fonctions*, et lorsqu'elles voient sortir une si grande quantité de sang par une veine, elles se raillent de ceux qui nient qu'elle ait communication avec les autres par la circulation.

Lorsque j'ai voulu savoir pourquoi elles croyaient que les pierres exposées au soleil et aux pluies du midi s'usent plutôt que celles qui sont au Septentrion, nulle n'a été assez simple pour me répondre *que cela vient de ce que la Lune les mord à belles dents*, comme se l'imaginent assez plaisamment quelques philosophes, mais que c'est l'ardeur du soleil qui les dessèche et que les pluies survenant les détrempent plus facilement.

J'ai demandé tout exprès à plus de vingt, si elles ne croyaient pas que Dieu puisse faire par une puissance obédientielle ou extraordinaire qu'une pierre soit élevée à la vision béatifique[1] : mais je n'en ai pu tirer autre chose, sinon qu'elles croyaient que je me voulais moquer d'elles par cette demande.

Le plus grand fruit que l'on puisse espérer des sciences, c'est le discernement et la justesse pour distinguer ce qui est vrai et évident d'avec ce qui est faux et obscur, et pour éviter ainsi de tomber

1. Allusion ironique aux questions d'ordre théologique sur les preuves de la puissance de Dieu qui avaient passionné les philosophes.

dans l'erreur et la méprise. On est assez porté à croire que les hommes, au moins ceux qui passent pour savants, ont cet avantage par-dessus les femmes. Néanmoins, si l'on a un peu de cette justesse dont je parle, on trouvera que c'est une des qualités qui leur manquent le plus. Car non seulement ils sont obscurs et confus dans leurs discours, et ce n'est souvent que par cette qualité qu'ils dominent et qu'ils s'attirent la créance des personnes simples et crédules, mais même ils rejettent ce qui est clair et évident et se raillent de ceux qui parlent d'une manière claire et intelligible comme étant trop facile et trop commune, et sont les premiers à donner dans ce qu'on leur propose d'obscur comme étant plus mystérieux. Pour s'en convaincre il ne faut que les écouter avec un peu d'attention et les obliger de s'expliquer.

Les femmes ont une disposition bien éloignée de celle-là. On observe que celles qui ont un peu vu le monde ne peuvent souffrir que leurs enfants mêmes parlent latin en leur présence, elles se défient des autres qui le font et disent assez souvent qu'elles craignent qu'il n'y ait quelque impertinence cachée sous ces habillements étrangers. Non seulement on ne leur entend point prononcer ces termes de sciences, qu'on appelle consacrés, mais même elles ne sauraient les retenir, quoi qu'on les répétât souvent, et qu'elles aient bonne mémoire, et lorsqu'on leur parle obscurément, elles avouent de bonne foi qu'elles n'ont pas assez de lumière ou d'esprit pour entendre ce que l'on dit ou bien elles reconnaissent que ceux qui leur parlent de la sorte ne sont pas assez instruits.

Enfin si l'on considère de quelle façon les hommes et les femmes produisent ce qu'ils savent, on jugera que les uns sont comme ces ouvriers qui travaillent aux carrières, et qui en tirent avec peine les pierres toutes brutes et toutes informes, et que les femmes sont comme des architectes ou des lapidaires habiles qui savent polir et mettre aisément en œuvre et dans leur jour ce qu'elles ont entre les mains.

Non seulement on trouve un très grand nombre de femmes qui jugent aussi bien des choses que si on leur avait donné la meilleure éducation, sans avoir ni les préjugés ni les idées confuses si ordinaires aux savants, mais même on en voit beaucoup qui ont le bon sens si juste qu'elles parlent sur les objets des plus belles sciences comme si elles les avaient toujours étudiées.

Elles s'énoncent avec grâce. Elles ont l'art de trouver les plus beaux termes de l'usage et de faire plus comprendre en un mot que les hommes avec plusieurs, et si l'on s'entretient des langues en général, elles ont là-dessus des pensées qui ne se trouvent que dans les plus habiles grammairiens. Enfin on remarque qu'elles tirent plus de l'usage seul pour le langage que la plupart des hommes ne font de l'usage joint à l'étude.

L'éloquence est un talent qui leur est si naturel et si particulier qu'on ne peut le leur disputer. Elles persuadent tout ce qu'elles veulent. Elles savent accuser et défendre sans avoir étudié les lois, et il n'y a guère de juges qui n'aient éprouvé qu'elles valent des avocats. Se peut-il rien de plus fort et de plus éloquent que les lettres de plusieurs dames sur tous les sujets qui entrent dans le commerce ordinaire, et principalement sur les passions, dont le ressort fait toute la beauté et tout le secret de l'éloquence. Elles les touchent d'une manière si délicate et les expriment si naïvement, qu'on est obligé d'avouer qu'on ne les sent pas autrement et que toutes les rhétoriques du monde ne peuvent donner aux hommes ce qui ne coûte rien aux femmes. Les pièces d'éloquence et de poésie, les harangues, les prédications et les discours ne sont point de trop haut goût pour elles, et rien ne manque à leurs critiques, que de les faire selon les termes et les règles de l'art.

Je m'attends bien que ce traité ne leur échappera pas non plus, que plusieurs y trouveront à redire, les unes qu'il n'est pas proportionné à la grandeur ni à la dignité du sujet, que le tour n'en est pas assez galant, les manières assez nobles, les expressions assez fortes ni assez élevées, qu'il y a des endroits peu touchés, qu'on pourrait y ajouter d'autres remarques importantes, mais j'espère aussi que ma bonne volonté, et le dessein que j'ai pris de ne rien dire que de vrai et d'éviter les expressions trop fortes, pour ne point sentir le roman, m'excuseront auprès d'elles.

Elles ont encore cet avantage que l'éloquence de l'action est en elles bien plus vive que dans les hommes. C'est assez de voir à leur mine qu'elles ont dessein de toucher pour se rendre à ce qu'elles veulent. Elles ont l'air noble et grand, le port libre et majestueux, le maintien honnête, les gestes naturels, les manières engageantes, la parole facile et la voix douce et flexible. La beauté et la bonne grâce qui accompagnent leurs discours lorsqu'ils entrent dans l'esprit leur ouvrent la porte du cœur. Quand elles parlent du bien et du mal, on voit sur leur visage ce caractère d'honnêteté qui rend la persuasion plus forte. Et lorsque c'est pour la vertu qu'elles veulent donner de l'amour, leur cœur paraît sur leurs lèvres, et l'idée qu'elles en expriment, revêtue des ornements du discours et des grâces qui leur sont si particulières, en paraît cent fois plus belle.

C'est un plaisir d'entendre une femme qui se mêle de plaider. Quelque embarras qu'il y ait dans ses affaires, elle les débrouille et les explique nettement. Elle expose précisément ses prétentions et celles de sa partie, elle montre ce qui a donné lieu au procès, par quelles voies elle l'a conduit, les ressorts qu'elle a fait jouer et toutes les procédures qu'elle a faites, et l'on découvre parmi tout cela une certaine capacité pour les affaires que la plupart des hommes n'ont point.

C'est ce qui me fait penser que si elles étudiaient le droit, elles y réussiraient au moins comme nous. On voit qu'elles aiment plus la paix et la justice, elles souffrent avec peine les différends et s'entremettent avec joie pour les terminer à l'amiable, leurs soins leur font trouver des biais et des expédients singuliers pour réconcilier les esprits, et elles font naturellement dans la conduite de leur maison ou sur celle des autres les principales réflexions d'équité sur lesquelles toute la jurisprudence est fondée.

Dans les récits que font celles qui ont un peu d'esprit, il y a toujours avec l'ordre, je ne sais quel agrément qui touche plus que dans les nôtres. Elles savent discerner ce qui est propre ou étranger au sujet, démêler les intérêts, désigner les personnes par leur propre caractère, dénouer les intrigues, et suivre les plus grandes comme les plus petites quand elles en sont informées. Tout cela se voit encore mieux dans les histoires et dans les romans des dames savantes qui vivent encore[1].

Combien y en a-t-il qui s'instruisent autant aux sermons, dans les entretiens et dans quelques petits livres de piété, que des docteurs avec saint Thomas dans leur cabinet et sur les bancs ? La solidité et la profondeur avec lesquelles elles parlent des plus hauts mystères et de toute la morale chrétienne les feraient prendre souvent pour de grands théologiens si elles avaient un chapeau et qu'elles pussent citer en latin quelques passages.

Il semble que les femmes soient nées pour exercer la médecine et pour rendre la santé aux malades. Leur propreté et leur complaisance soulagent le mal de la moitié. Et non seulement elles sont propres à appliquer les remèdes, mais même à les trouver. Elles en inventent une infinité qu'on appelle petits, parce qu'ils coûtent moins que ceux d'Hypocrate et qu'on ne les prescrit pas par ordonnance, mais qui sont d'autant

1. Allusion aux romancières de l'époque, parmi lesquelles Madeleine de Scudéry, dont les ouvrages rencontraient un grand succès.

plus sûrs et plus faciles qu'ils sont plus naturels. Enfin elles font leurs observations dans la pratique avec tant d'exactitude, et en raisonnent si juste, qu'elles rendent souvent inutiles tous les cahiers de l'École.

Entre les femmes de la campagne, celles qui vont travailler aux champs se connaissent admirablement aux bizarreries des saisons et leurs almanachs sont bien plus certains que ceux qu'on imprime de la main des astrologues. Elles expliquent si naïvement la fertilité et la stérilité des années par les vents, par les pluies et par tout ce qui produit les changements de temps, qu'on ne peut les entendre là-dessus sans avoir compassion des savants qui rapportent ces effets aux aspects, aux approches et aux ascendants des planètes. Ce qui me fait juger que si on leur avait appris que les altérations auxquelles le corps humain est sujet lui peuvent arriver à cause de sa constitution particulière, par l'exercice, par le climat, par la nourriture, par l'éducation et par les rencontres différentes de la vie, elles ne s'aviseraient jamais d'en rapporter les inclinations ni les changements aux influences des astres qui sont des corps éloignés de nous de plusieurs millions de lieues.

Il est vrai qu'il y a des sciences dont on n'entend point parler les femmes, parce que ce ne sont point de sciences de mise ni de société. L'algèbre, la géométrie, l'optique ne sortent presque jamais des cabinets ni des académies savantes pour venir au milieu du monde. Et comme leur plus grand usage est de donner la justesse dans les pensées, elles ne doivent paraître dans le commerce ordinaire que secrètement et comme des ressorts cachés qui font jouer de grandes machines. C'est-à-dire qu'il en faut faire l'application sur les sujets d'entretien, et penser et parler juste et géométriquement, sans faire paraître qu'on est géomètre.

Toutes ces observations sur les qualités de l'esprit se peuvent faire sans peine avec les femmes de médiocre condition, mais si on va jusqu'à la cour, et qu'on ait part aux entretiens des dames, on y pourra remarquer tout autre chose. Il semble que leur génie soit proportionné naturellement à leur état. Avec la justesse, le discernement et la politesse, elles ont un tour d'esprit, fin, délicat, aisé, et je ne sais quoi de grand et de noble qui leur est particulier. On dirait que les objets comme les hommes ne s'approchent d'elles qu'avec respect. Elles les voient toujours par le bel endroit et leur donnent en parlant tout un autre air que le commun. En un mot, que l'on montre à ceux qui ont du goût deux lettres de dames de conditions différentes, on reconnaîtra aisément laquelle est de plus haute qualité.

Combien y a-t-il eu de dames, et combien y en a-t-il encore, qu'on doit mettre au nombre de savants, si on ne veut pas les mettre au-dessus ? Le siècle où nous vivons en porte plus que tous les siècles passés, et comme elles ont égalé les hommes, elles sont plus estimables qu'eux pour des raisons particulières. Il leur a fallu surmonter la mollesse où on élève leur sexe, renoncer aux plaisirs et à l'oisiveté où on les réduit, vaincre certains obstacles publics qui les éloignent de l'étude et se mettre au-dessus des idées désavantageuses que le vulgaire a des savantes, outre celles qu'il a de leur sexe en général. Elles ont fait tout cela, et soit que les difficultés aient rendu leur esprit plus vif et plus pénétrant, soit que ces qualités leur soient naturelles, elles se sont rendues à proportion plus habiles que les hommes.

On peut dire néanmoins, sans diminuer les sentiments que ces illustres dames méritent, que c'est l'occasion et les moyens extérieurs qui les ont mises en cet état, aussi bien que les plus savants parmi nous, et qu'il y en a une infinité d'autres qui n'en auraient pas moins fait si elles eussent eu de pareils avantages. Et puisque l'on est assez injuste pour croire que toutes les femmes sont indiscrètes, lorsqu'on en connaît cinq ou six qui le sont, on devrait aussi être assez équitable pour juger que leur sexe est capable des sciences, puisque l'on en voit quantité qui ont pu s'y élever.

On s'imagine vulgairement que les Turcs, les barbares, et les sauvages n'y sont pas si propres que les peuples de l'Europe. Cependant, il est certain que si l'on en voyait ici cinq ou six qui eussent la capacité, ou le titre de docteur, ce qui n'est pas impossible, on corrigerait son jugement, et l'on avouerait que ces peuples étant hommes comme nous sont capables des mêmes choses, et que s'ils étaient instruits, ils ne nous céderaient en rien. Les femmes avec lesquelles nous vivons valent bien les barbares et les sauvages pour nous obliger d'avoir pour elles des pensées qui ne soient pas moins avantageuses ni moins raisonnables.

Si le vulgaire s'opiniâtre, nonobstant ces observations, à ne vouloir pas que les femmes soient aussi propres aux sciences que nous, il doit au moins reconnaître qu'elles leur sont moins nécessaires. L'on s'y applique à deux fins, l'une de bien connaître les choses qui en sont l'objet et l'autre de devenir vertueux par le moyen de ces connaissances. Ainsi, dans cette vie qui est si courte, la science se doit uniquement rapporter à la vertu, et les femmes possédant celle-ci, on peut dire qu'elles ont par un bonheur singulier le principal avantage des sciences sans les avoir étudiées.

Ce que nous voyons tous les jours nous doit convaincre qu'elles ne sont pas moins chrétiennes que les hommes. Elles reçoivent l'Évangile avec soumission et avec simplicité. Elles en pratiquent les maximes d'une façon exemplaire. Leur respect pour tout ce qui concerne la religion a toujours paru si grand qu'elles passent sans contredit pour avoir plus de dévotion et de piété que nous. Il est vrai que leur culte va quelquefois jusqu'à l'excès, mais je ne trouve pas que cet excès soit si blâmable. L'ignorance où on les élève en est la cause nécessaire. Si leur zèle est indiscret, au moins leur persuasion est véritable, et l'on peut dire que si elles connaissaient parfaitement la vertu, elles l'embrasseraient bien autrement, puisqu'elles s'y attachent si fort au travers des ténèbres même.

Il semble que la compassion qui est la vertu de l'Évangile soit affectée à leur sexe. Le mal du prochain ne leur a pas plutôt frappé l'esprit qu'il touche leur cœur et leur fait venir les larmes aux yeux. N'est-ce pas par leurs mains que se sont toujours faites les plus grandes distributions dans les calamités publiques ? Ne sont-ce pas encore aujourd'hui les dames qui ont particulièrement soin des pauvres et des malades dans les paroisses, qui les vont visiter dans les prisons et servir dans les hôpitaux[1] ? Ne sont-ce pas de pieuses filles répandues dans les quartiers, qui ont charge de leur aller porter à certaines heures du jour, la nourriture et les remèdes nécessaires, et à qui l'on a donné le nom de la charité qu'elles exercent si dignement ?

Enfin, quand il n'y aurait au monde de femmes qui pratiquassent cette vertu envers le prochain que celles qui servent les malades dans l'Hôtel-Dieu, je ne crois pas que les hommes pussent sans injustice prétendre en cela l'avantage par-dessus leur sexe. Ce sont proprement ces filles-là desquelles il fallait enrichir la galerie des femmes fortes, c'est de leur vie qu'il faudrait faire les plus grands éloges et honorer leur mort des plus excellents panégyriques, puisque c'est là qu'on voit la religion chrétienne, c'est-à-dire la vertu vraiment héroïque se pratiquer à la rigueur dans ses commandements et dans ses conseils, des jeunes filles renoncer au monde et à elles-mêmes, résolues à une chasteté et à une pauvreté perpétuelle, prendre leur croix, et la croix du monde la plus rude, pour se mettre le reste de leurs jours sous le

1. Allusion à la congrégation des Filles de la Charité fondée par saint Vincent de Paul et Louise de Marillac en 1633.

joug de Jésus-Christ, se consacrer dans un hôpital où l'on reçoit indifféremment toutes sortes de malades de quelque pays ou religion que ce soit pour les servir tous sans distinction, et se charger à l'exemple de leur époux de toutes les infirmités des hommes, sans se rebuter d'avoir sans cesse les yeux frappés des spectacles les plus affreux, les oreilles des injures et des cris des malades, et l'odorat de toutes les infections du corps humain, et pour marque de l'esprit qui les anime, porter de lit en lit, entre leurs bras, et encourager les misérables, non pas par de vaines paroles mais par l'exemple effectif et personnel d'une patience et d'une charité invincible.

Se peut-il rien concevoir de plus grand parmi les chrétiens ? Les autres femmes ne sont pas moins portées à soulager le prochain. Il n'y a que l'occasion qui leur manque ou d'autres occupations qui les en détournent, et je trouve qu'il est aussi indigne de s'imaginer de là comme fait le vulgaire que les femmes soient naturellement servantes des hommes que de prétendre que ceux qui ont reçu de Dieu des talents particuliers soient les serviteurs et les esclaves de ceux pour le bien desquels ils les emploient.

Quelque genre de vie qu'embrassent les femmes, leur conduite a toujours quelque chose de remarquable. Il semble que celles qui vivent hors du mariage et qui demeurent dans le monde n'y restent que pour servir d'exemple aux autres. La modestie chrétienne paraît sur leur visage et dans leurs habits. La vertu fait leur principal ornement. Elles s'éloignent des compagnies et des divertissements mondains, et leur application aux exercices de piété fait bien voir qu'elles ne se sont point engagées dans les soins ni dans les embarras du mariage pour jouir d'une plus grande liberté d'esprit et n'être obligées que de plaire à Dieu.

Il y a autant de monastères sous la conduite des femmes que des hommes, et leur vie n'y est pas moins exemplaire. La retraite y est plus grande, la pénitence aussi austère, et les abbesses y valent bien les abbés. Elles font des règlements avec une sagesse admirable et gouvernent leurs filles avec tant de prudence qu'il n'y arrive point de désordre. Enfin l'éclat des maisons religieuses, les grands biens qu'elles possèdent et leurs solides établissements sont l'effet du bon ordre qu'y apportent les supérieures.

Le mariage est l'état le plus naturel et le plus ordinaire aux hommes. Quand ils y sont engagés, c'est pour le reste de leur vie. Ils y passent les âges où on ne doit agir que par raison. Et les différents accidents de la nature et de la fortune auxquels cette condition est sujette exerçant davantage ceux qui y sont leur donnent occasion d'y faire paraître plus d'esprit. Il ne faut pas grande expérience pour savoir que les femmes y sont plus propres que nous. Les filles sont capables de conduire une maison à l'âge où les hommes ont encore besoin de maître, et l'expédient le plus commun pour remettre un jeune homme dans le bon chemin c'est de lui donner une femme qui le retient par son exemple, qui modère ses emportements et le retire de la débauche.

Quelle complaisance n'emploient point les femmes pour vivre en paix avec leurs maris. Elles se soumettent à leurs ordres, elles ne font rien sans leur avis, elles se contraignent en beaucoup de choses pour éviter de leur déplaire, et elles se privent souvent des divertissements les plus honnêtes pour les exempter de soupçon. L'on sait lequel des deux sexes est le plus fidèle à l'autre, et supporte plus patiemment les malheurs qui surviennent dans le mariage, et y fait paraître plus de sagesse.

Presque toutes les maisons ne sont réglées que par les femmes, à qui leurs maris en abandonnent le gouvernement, et le soin qu'elles prennent de l'éducation des enfants est bien plus considérable aux familles et plus important à l'État que celui qu'elles ont des biens. Elles se donnent tout entières à leur conservation. La crainte qu'il ne leur arrive du mal est si grande qu'elles en perdent souvent le repos. Elles se privent avec joie des choses les plus nécessaires afin qu'il ne leur manque rien. Elles ne sauraient les voir souffrir le moins du monde qu'elles ne souffrent elles-mêmes jusqu'au fond de l'âme, et on peut dire que la plus grande de leur peine est de ne les pouvoir soulager en se chargeant de leurs douleurs.

Qui ignore avec quelle application elles travaillent à les instruire de la vertu autant que leur petit âge en est capable ? Elles tâchent de leur faire connaître et craindre Dieu, et leur enseignent à l'adorer d'une manière qui leur soit proportionnée. Elles ont soin de les mettre entre les mains des maîtres aussitôt qu'ils y sont propres, et choisissent ceux-ci avec toute la précaution possible pour rendre leur éducation meilleure. Et ce qui est encore plus estimable, c'est qu'elles joignent le bon exemple à l'instruction.

Si l'on voulait descendre dans un détail entier de toutes les rencontres de la vie et de toutes les vertus que les femmes y pratiquent, et en examiner les plus importantes circonstances, il y aurait de quoi faire un très ample panégyrique. On pourrait représenter jusqu'où va leur sobriété dans le boire et dans le manger, la patience dans les incommodités, la force et le courage à supporter les maux, les fatigues, les veilles, et les jeûnes, la modération dans les plaisirs et dans les passions, l'inclination à faire du bien, la prudence dans les affaires, l'honnêteté en toutes les actions, en un mot on pourrait faire voir qu'il n'y a point de vertu qui ne leur soit commune avec nous, et qu'il y a au contraire quantité de défauts considérables qui sont particuliers aux hommes.

Voilà les observations générales et ordinaires sur ce qui concerne les femmes par rapport aux qualités de l'esprit dont l'usage est la seule chose qui doive mettre de la distinction entre les hommes.

Comme il n'y a guère de rencontres où l'on ne puisse découvrir l'inclination, le génie, le vice et la vertu, et la capacité des personnes, ceux qui se voudront détromper eux-mêmes sur le sujet des femmes ont toujours occasion de le faire en public ou en particulier, à la cour et à la grille[1], dans les divertissements et dans les exercices, avec les pauvres comme avec les riches, en quelque état et de quelque condition qu'elles soient. Et si l'on considère avec sincérité et sans intérêt ce qu'on pourra remarquer à leur égard, on trouvera que s'il y a quelques apparences peu favorables aux femmes, il y en a encore plus qui leur sont très avantageuses, que ce n'est point faute de mérite, mais de bonheur ou de force, que leur condition n'est pas égale à la nôtre, et enfin que l'opinion commune est un préjugé populaire et mal fondé.

1. Par métonymie, le parloir des couvents (les religieuses y sont séparées de leurs visiteurs par une grille).

SECONDE PARTIE

Où l'on fait voir pourquoi les témoignages qu'on peut apporter contre le sentiment de l'égalité des deux sexes, tirés des poètes, des orateurs, des historiens, des jurisconsultes, et des philosophes, sont tous vains et inutiles.

Ce qui confirme le vulgaire dans la pensée qu'il a des femmes, c'est qu'il s'y voit appuyé par le sentiment des savants. Ainsi la voix publique de ceux qui dominent par la créance s'accordant au désavantage des femmes avec certaines apparences générales, il ne faut pas s'étonner de les voir si mal dans l'esprit des personnes simples et sans lumière. Et il arrive en cela comme en une infinité d'autres choses que l'on se fortifie dans un préjugé par un autre.

L'idée de la vérité étant attachée naturellement à celle de la science, l'on ne manque pas de prendre pour vrai ce que proposent ceux qui ont la réputation d'être savants, et comme le nombre de ceux qui ne le sont que de nom est beaucoup plus grand que de ceux qui le sont en effet, le commun des hommes qui compte seulement les voix se range du côté des premiers, et embrasse d'autant plus volontiers leurs opinions qu'elles se trouvent plus conformes à celles dont il est déjà imbu.

C'est pourquoi voyant que les poètes, les orateurs, les historiens et les philosophes publient aussi que les femmes sont inférieures aux hommes, moins nobles et moins parfaites, il se le persuade davantage parce qu'il ignore que leur science est le même préjugé que le sien, sinon qu'il est plus étendu et plus spécieux, et qu'ils ne font que joindre à l'impression de la coutume le sentiment des Anciens sur l'autorité desquels toute leur certitude est fondée, et je trouve qu'à l'égard du sexe ceux qui ont de l'étude et ceux qui n'en ont point tombent dans une erreur pareille, qui est de juger que ce qu'en disent ceux qu'ils estiment est véritable parce qu'ils sont déjà prévenus qu'ils disent bien, au lieu de ne se porter à croire qu'ils disent bien qu'après avoir reconnu qu'ils ne disent rien que de véritable.

Les poètes et les orateurs n'ayant pour but que de plaire et de persuader, la vraisemblance leur suffit, à l'égard du commun des hommes. Ainsi l'exagération et l'hyperbole étant très propres à ce dessein, en grossissant les idées selon qu'on en a besoin, ils font le bien et le mal petit et grand comme il leur plaît, et par un tour trop ordinaire, ils attribuent à toutes les femmes en général ce qu'ils ne connaissent qu'en quelques particulières. Ce leur est assez d'en avoir vu quelques-unes hypocrites pour leur faire dire que tout le sexe est sujet à ce défaut. Les ornements dont ils accompagnent leurs discours contribuent merveilleusement à leur attirer la créance de ceux qui ne sont point sur leurs gardes. Ils parlent avec facilité et avec grâce et emploient certaines manières, lesquelles étant belles, agréables et peu communes éblouissent l'esprit et l'empêchent de discerner la vérité. On voit contre les femmes quantité de pièces assez fortes en apparence, et l'on s'y rend, faute de savoir que ce qui en fait la force et la vérité ce sont les figures de l'éloquence, les métaphores, les proverbes, les descriptions, les similitudes, les emblèmes, et parce qu'il y a d'ordinaire beaucoup de génie et d'adresse dans ces sortes d'ouvrages, l'on s'imagine aussi qu'il n'y a pas moins de vérité.

Tel se persuade que les femmes aiment qu'on leur en conte parce qu'il aura lu le sonnet de Sarazin sur la chute de la première[1], qu'il feint n'être tombée que pour avoir prêté l'oreille aux fleurettes du démon. Il est vrai que l'imagination est plaisante, le tour joli, l'application assez juste dans son dessein et la chute très agréable, mais si l'on examine la pièce au fond, et qu'on la réduise en prose, l'on trouvera qu'il n'y a rien de plus faux ni de plus fade.

Il y a des gens assez simples pour s'imaginer que les femmes sont plus portées à la furie que les hommes, pour avoir lu que les poètes ont représenté les furies sous la figure des femmes sans

1. Sonnet de Jean-François Sarrasin (1614-1654) dans lequel il ironise sur la conduite d'Ève.

considérer que cela n'est qu'une imagination poétique, et que les peintres qui dépeignent les harpies avec un visage de femme dépeignent aussi le démon sous l'apparence d'un homme.

J'en ai vu entreprendre de prouver que les femmes sont inconstantes sur ce qu'un poète latin célèbre a dit qu'elles sont sujettes à un changement continuel, et qu'un Français les a plaisamment comparées à une girouette qui se meut au gré du vent [1] faute de prendre garde que toutes ces manières de parler des choses ne sont propres qu'à égayer l'esprit et non pas à l'instruire.

L'éloquence vulgaire est une optique parlante qui fait voir les objets sous telle figure et telle couleur que l'on veut, et il n'y a point de vertu qu'on ne puisse représenter comme un vice par les moyens qu'elle fournit.

Il n'y a rien de plus ordinaire que de trouver dans les auteurs que les femmes sont moins parfaites et moins nobles que les hommes, mais pour des raisons on n'y en voit point. Et il y a grande apparence qu'ils en ont été persuadés comme le vulgaire. Les femmes n'ont point de part avec nous aux avantages extérieurs comme les sciences et l'autorité en quoi l'on met communément la perfection, donc elles ne sont pas si parfaites que nous. Pour en être convaincu sérieusement, il faudrait montrer qu'elles n'y sont pas admises parce qu'elles n'y sont pas propres. Mais cela n'est pas si aisé qu'on s'imagine et il ne sera pas difficile de

1. Allusion à la sixième satire de Juvénal sur les femmes. C'est Molière qui traite la femme de girouette dans *Le Dépit amoureux* (1656).

faire voir le contraire dans la suite, et que cette erreur vient de ce qu'on n'a qu'une idée confuse de la perfection et de la noblesse.

Tous les raisonnements de ceux qui soutiennent que le beau sexe n'est pas si noble ni si excellent que le nôtre sont fondés sur ce que les hommes étant les maîtres, on croit que tout est pour eux, et je suis assuré qu'on croirait tout le contraire, encore plus fortement, c'est-à-dire que les hommes ne sont que pour les femmes, si elles avaient toute l'autorité, comme dans l'empire des Amazones.

Il est vrai qu'elles n'ont ici que les emplois qu'on regarde comme les plus bas. Et il est vrai aussi qu'elles n'en sont pas moins à estimer selon la religion et la raison. Il n'y a rien de bas que le vice ni de grand que la vertu, et les femmes faisant paraître plus de vertu que les hommes dans leurs petites occupations méritent plus d'être estimées. Je ne sais même si à regarder simplement leur emploi ordinaire, qui est de nourrir et d'élever les hommes dans leur enfance, elles ne sont pas dignes du premier rang dans la société civile.

Si nous étions libres et sans république, nous ne nous assemblerions que pour mieux conserver notre vie en jouissant paisiblement des choses qui y seraient nécessaires et nous estimerions davantage ceux qui y contribueraient le plus. C'est pourquoi nous avons accoutumé de regarder les princes comme les premiers de l'État parce que leurs soins et leur prévoyance est la plus générale et la plus étendue, et nous estimons à proportion ceux qui sont au-dessous d'eux. La plupart préfèrent les soldats aux juges parce qu'ils s'opposent directement à ceux qui attaquent la vie d'une manière plus terrible, et chacun estime les personnes à proportion qu'il les juge utiles. Ainsi les femmes semblent être les plus estimables, puisque le service qu'elles rendent est incomparablement plus grand que celui de tous les autres.

L'on pourrait absolument se passer de princes, de soldats, et de marchands, comme l'on faisait au commencement du monde, et comme le font encore aujourd'hui les sauvages. Mais on ne peut se passer des femmes dans son enfance. Les États étant bien pacifiés, la plupart des personnes qui ont l'autorité sont comme mortes et inutiles, les femmes ne cessent jamais de nous être nécessaires. Les ministres de la justice ne sont guère que pour conserver les biens à ceux qui les possèdent, et les femmes sont pour nous conserver la vie ; les soldats s'emploient pour des hommes faits et capables de se défendre, et les femmes s'emploient pour les hommes lorsqu'ils ne savent pas encore ce qu'ils sont, s'ils ont des ennemis ou des amis, et lorsqu'ils n'ont point d'autres armes que des pleurs contre ceux qui les attaquent. Les maîtres, les magistrats et les princes n'agissent souvent que pour leur gloire et leur intérêt particulier, et les femmes n'agissent que pour le bien des enfants qu'elles élèvent. Enfin les peines et les soins, les fatigues et les assiduités auxquels elles s'assujettissent n'ont rien de pareil en aucun état de la société civile.

Il n'y a donc que la fantaisie qui les fasse moins estimer. On récompenserait largement un homme qui aurait apprivoisé un tigre, l'on considère ceux qui savent dresser des chevaux, des singes, et des éléphants, l'on parle avec éloge d'un homme qui aura composé un petit ouvrage qui lui aura coûté un peu de temps et de peine, et l'on néglige les femmes qui mettent plusieurs années à nourrir et à former des enfants. Et si l'on en recherche bien la raison, l'on trouvera que c'est parce que l'un est plus ordinaire que l'autre.

Ce que les historiens disent au désavantage des femmes fait plus d'impression sur l'esprit que les discours des orateurs. Comme ils semblent ne rien avancer d'eux-mêmes, leur témoignage est moins suspect, outre qu'il est conforme à ce dont on est déjà persuadé, rapportant que les femmes étaient autrefois ce qu'on croit qu'elles sont à présent. Mais toute l'autorité qu'ils ont sur les esprits n'est que l'effet d'un préjugé assez commun à l'égard de l'Antiquité qu'on se représente sous l'image d'un vénérable vieillard qui ayant beaucoup de sagesse et d'expérience n'est pas capable d'être trompé ni de rien dire que de vrai.

Cependant, les Anciens n'étaient pas moins hommes que nous ni moins sujets à l'erreur, et l'on ne doit pas plutôt se rendre à présent à leurs opinions qu'on aurait fait de leur temps. On considérait autrefois les femmes comme l'on fait aujourd'hui, et avec aussi peu de raison. Ainsi tout ce qu'en ont dit les hommes doit être suspect parce qu'ils sont juges et parties, et lorsque quelqu'un rapporte contre elles le sentiment de mille auteurs, cette histoire ne doit être considérée que comme une tradition de préjugés et d'erreurs. Il y a aussi peu de fidélité et d'exactitude dans les histoires anciennes que dans les récits familiers où l'on reconnaît assez qu'il n'y en a presque point. Ceux qui les ont écrites y ont mêlé leurs passions, et leur intérêt, et la plupart n'ayant eu que des idées fort confuses du vice et de la vertu ont souvent pris l'un pour l'autre, et ceux qui les lisent avec la préoccupation ordinaire ne manquent pas de tomber dans le même défaut. Et dans le préjugé où ils étaient, ils ont eu soin d'exagérer les vertus et les avantages de leur sexe et de rabaisser et d'affaiblir le mérite des femmes par un intérêt contraire. Cela est si facile à reconnaître, qu'il n'en faut point apporter d'exemple.

Néanmoins, si l'on sait débrouiller un peu le passé, l'on trouve de quoi faire voir que les femmes n'en ont point cédé aux hommes, et que la vertu qu'elles ont fait paraître est plus excellente, si on la considère sincèrement dans toutes ses circonstances. L'on peut remarquer qu'elles ont donné d'aussi grandes marques d'esprit et de capacité dans toutes sortes de rencontres. Il y en a eu qui ont gouverné de grands États et des empires avec une sagesse et une modération qui n'ont point eu d'exemple, d'autres ont rendu la justice avec une intégrité pareille à celle de l'aréopage, plusieurs ont rétabli par leur prudence et par leurs conseils les royaumes dans le calme et leurs maris sur le trône. On en a vu conduire des armées ou se défendre sur des murailles avec un courage plus qu'héroïque. Combien y en a-t-il eu dont la chasteté n'a pu recevoir aucune atteinte, ni par les menaces épouvantables ni par les promesses magnifiques qu'on leur faisait, et qui ont souffert avec une générosité surprenante les plus horribles tourments pour la cause de la religion ? Combien y en a-t-il eu qui se sont rendues aussi habiles que les hommes dans toutes les sciences, qui ont pénétré ce qu'il y a de plus curieux dans la nature, de plus fin dans la politique et de plus solide dans la morale, et qui se sont élevées à ce qu'il y a de plus haut dans la théologie chrétienne ? Ainsi l'histoire dont ceux qui sont prévenus contre le sexe abusent pour l'abaisser peut servir à ceux qui le regardent avec des yeux d'équité pour montrer qu'il n'est pas moins noble que le nôtre.

L'autorité des jurisconsultes a un grand poids à l'égard de beaucoup de gens sur ce qui concerne les femmes, parce qu'ils font une profession particulière de rendre à un chacun ce qui lui appartient. Ils mettent les femmes sous la puissance de leurs maris, comme les enfants sous celle de leurs pères, et disent que c'est la nature qui leur a assigné les moindres fonctions de la société et qui les a éloignées de l'autorité publique.

L'on croit être bien fondé de le dire aussi après eux. Mais il est permis, sans blesser le respect qu'ils méritent, de n'être pas en cela de leur sentiment. On les embarrasserait fort si on les obligeait de s'expliquer intelligiblement sur ce qu'ils appellent nature en cet endroit, et de faire entendre comment elle a distingué les deux sexes, comme ils prétendent.

Il faut considérer que ceux qui ont fait ou

compilé les lois étant des hommes ont favorisé leur sexe, comme les femmes auraient peut-être fait si elles avaient été à leur place, et les lois ayant été faites depuis l'établissement des sociétés, en la manière qu'elles sont à présent à l'égard des femmes, les jurisconsultes qui avaient aussi leur préjugé ont attribué à la nature une distinction qui ne vient que de la coutume. Outre qu'il n'était pas nécessaire de changer l'ordre qu'ils trouvaient établi pour obtenir la fin qu'ils se proposaient, qui était de bien gouverner un État en exerçant la justice. Enfin s'ils s'opiniâtraient à soutenir que les femmes sont naturellement dépendantes des hommes, on les combattrait par leurs propres principes, puisqu'ils reconnaissent eux-mêmes que la dépendance et la servitude sont contraires à l'ordre de la nature qui rend tous les hommes égaux.

La dépendance étant un rapport purement corporel et civil, elle ne doit être considérée que comme un effet du hasard, de la violence ou de la coutume, si ce n'est celle où sont les enfants à l'égard de ceux qui leur ont donné la vie. Encore ne passe-t-elle point un certain âge où les hommes étant supposés avoir assez de raison et d'expérience pour se pouvoir gouverner eux-mêmes sont affranchis par les lois de l'autorité d'autrui.

Mais entre les personnes d'un âge égal ou approchant, il ne devrait y avoir qu'une subordination raisonnable, selon laquelle ceux qui ont moins de lumière se soumettent volontairement à ceux qui en ont davantage. Et si l'on ôte les actions civiles que les lois ont données aux hommes et qui les rendent les chefs de la famille, on ne peut trouver entre eux et leurs femmes qu'une soumission d'expérience et de lumières. Les uns et les autres s'engagent ensemble librement en un temps où les femmes ont autant de raison et souvent plus que leurs maris. Les promesses et les conventions du mariage sont réciproques et le pouvoir égal sur le corps, et si les lois donnent au mari plus d'autorité sur les biens, la nature donne à la femme plus de puissance et de droit sur les enfants. Et comme la volonté de l'un n'est pas la règle de l'autre, si une femme est obligée de faire les choses dont son mari l'avertit, celui-ci ne l'est pas moins de suivre ce que sa femme lui fait entendre être de son devoir, et hors les choses raisonnables, on ne peut contraindre une femme de se soumettre à son mari que parce qu'elle a moins de force. Ce qu'on appelle agir de Turc à Maure[1], et non pas en gens d'esprit.

L'on n'aura pas beaucoup de peine à se départir de l'opinion des savants dont je viens de parler, parce qu'on pourra aisément reconnaître que leur profession ne les engage pas à s'informer si exactement de ce que les choses sont en elles-mêmes, que l'apparence et la vraisemblance suffisent aux poètes et aux orateurs, le témoignage de l'Antiquité aux historiens et la coutume aux jurisconsultes pour arriver à leur but, mais pour ce qui est du sentiment des philosophes, on ne le quittera pas si facilement, parce qu'il semble qu'ils sont au-dessus de toutes les considérations

1. Traiter quelqu'un avec la dernière rigueur.

précédentes comme en effet ils doivent être, et qu'ils passent pour examiner les choses de plus près, ce qui leur attire la créance commune, et fait tenir pour indubitable ce qu'ils proposent, surtout lorsqu'ils ne détruisent point les sentiments où l'on est.

Ainsi le vulgaire se fortifie dans l'opinion qu'il a de l'inégalité des deux sexes parce qu'il y voit aussi ceux desquels il regarde les jugements comme la règle des siens, faute de savoir que presque tous les philosophes n'ont point d'autre règle que lui, et que ce n'est pas par science qu'ils prononcent, principalement sur la matière dont il s'agit. Ils ont porté leurs préjugés dans les écoles et ils n'y ont rien appris qui servît à les en tirer. Au contraire, toute leur science est fondée sur les jugements qu'ils ont faits dès le berceau, et c'est parmi eux un crime ou une erreur de révoquer en doute ce qu'on a cru avant l'âge de discrétion. On ne leur apprend point à connaître l'homme par le corps ni par l'esprit. Et ce qu'ils en enseignent communément peut très bien servir à prouver qu'il n'y a entre nous et les bêtes que le plus et le moins. On ne leur dit pas un mot des sexes, on suppose qu'ils les connaissent assez, bien loin d'en examiner la capacité et la différence véritable et naturelle, ce qui est un point des plus curieux, et peut-être aussi des plus importants de la physique et de la morale. Ils passent des années entières, et quelques-uns toute leur vie, à des bagatelles, et à des êtres de raison, et à ruminer s'il y a au-delà du monde des espaces imaginaires, et si les atomes ou la petite poussière qui paraît dans les rayons du soleil est divisible à l'infini. Quel fond peut-on faire sur ce que des savants de cette sorte disent, quand il s'agit de choses sérieuses et importantes ?

On pourrait penser néanmoins qu'encore qu'ils s'instruisent si mal, leurs principes suffisent peut-être pour découvrir lequel des deux sexes a naturellement quelque avantage sur l'autre, mais cette pensée ne peut venir qu'à ceux ou qui ne les connaissent pas ou qui en sont prévenus. La connaissance de nous-mêmes est absolument nécessaire pour bien traiter cette question, et particulièrement la connaissance du corps, qui est l'organe des sciences ; de même que pour savoir comment les lunettes d'approche grossissent les objets, il faut en connaître la fabrique. Ils n'en parlent qu'en passant, non plus que de la vérité et de la science, c'est-à-dire de la méthode d'acquérir des connaissances certaines et véritables, sans quoi il est impossible de bien examiner si les femmes en sont aussi capables que nous, et sans m'amuser à rapporter les idées qu'ils en donnent, je dirai ici en général, ce que j'en crois.

Tous les hommes étant faits les uns comme les autres ont les mêmes sentiments et les mêmes idées des choses naturelles, par exemple de la lumière, de la chaleur et de la dureté, et toute la science que l'on tâche d'en avoir se réduit à connaître au vrai quelle est la disposition particulière, intérieure et extérieure de chaque objet, pour produire en nous les pensées et les sentiments que nous en avons. Tout ce que les maîtres peuvent faire pour nous conduire à cette connaissance, c'est d'appliquer notre esprit à ce que nous remarquons pour en examiner les apparences et les effets sans précipitation ni préjugé, et de nous montrer l'ordre qu'il faut tenir dans la disposition de nos pensées pour trouver ce que nous cherchons.

Par exemple, si une personne sans étude me priait de lui expliquer en quoi consiste la liquidité de l'eau, je ne lui en affirmerais rien, mais je lui demanderais ce qu'elle en a observé, comme, que si l'eau n'est renfermée dans un vase, elle se répand, c'est-à-dire que toutes ses parties se séparent et se désunissent d'elles-mêmes sans que l'on y introduise de corps étranger, que l'on y fait entrer ses doigts sans peine et sans y trouver la résistance des corps durs, et qu'en y mettant du sucre ou du sel, on s'aperçoit que ces deux sortes de corps se diminuent peu à peu et que leurs parcelles sont emportées dans tous les endroits de la liqueur.

Jusque-là je ne lui apprendrais rien de nouveau et si je lui avais fait entendre de la même façon ce que c'est qu'être en repos ou en mouvement, je la porterais à reconnaître que la nature des liqueurs consiste en ce que leurs parties insensibles sont dans un mouvement perpétuel, ce qui oblige de les renfermer dans un vase et les dispose à donner aisément entrée aux corps durs, et que les parcelles de l'eau étant petites, lisses, pointues, venant à s'insinuer dans les pores du sucre en ébranlent et en divisent les parties par leur rencontre, et se mouvant en tous sens, emportent en tous les endroits du vase ce qu'elles ont séparé.

Cette idée des liqueurs, qui est une partie détachée du corps de la physique, paraîtrait bien plus claire si on la voyait dans son rang, et elle n'a rien que le commun des femmes ne soit capable d'entendre. Le reste de toutes nos connaissances étant proposé avec ordre n'a pas plus de difficulté, et si l'on y fait attention, l'on trouvera que chaque science de raisonnement demande moins d'esprit et moins de temps qu'il n'en faut pour bien apprendre le point ou la tapisserie.

En effet, les idées des choses naturelles sont nécessaires et se forment toujours en nous de la même façon. Adam les avait comme nous les avons, les enfants les ont comme les vieillards et les femmes comme les hommes, et ces idées se renouvellent, se fortifient et s'entretiennent par l'usage continuel des sens. L'esprit agit toujours, et qui sait bien comment il agit en une chose découvre sans peine comment il agit en toutes les autres. Il n'y a que le plus et le moins entre l'impression du soleil et celle d'une étincelle. Pour bien penser là-dessus, l'on n'a besoin ni d'adresse ni d'exercice de corps.

Il n'en est pas de même des ouvrages dont j'ai parlé. Il y faut encore plus appliquer son esprit. Les idées en étant arbitraires sont plus difficiles à prendre et à retenir, ce qui est cause qu'il faut tant de temps pour bien savoir un métier, c'est qu'il dépend d'un long exercice ; il faut de l'adresse pour bien garder les proportions sur un canevas, pour distribuer également la soie ou la laine, pour mélanger avec justesse les couleurs, pour ne pas trop serrer ni trop relâcher les points, pour n'en mettre pas plus en un rang qu'en l'autre, pour faire les nuances imperceptibles. En un mot, il faut savoir faire et varier en mille manières différentes les ouvrages de l'art pour y être habile, au lieu que dans les sciences il ne faut que regarder avec ordre des ouvrages tout faits et toujours uniformes, et toute la difficulté d'y réussir vient moins des objets et de la disposition du corps, que du peu de capacité dans les maîtres.

Il ne faut donc plus tant s'étonner de voir des hommes et des femmes sans étude s'entretenir des choses qui regardent les sciences puisque la méthode de les apprendre ne sert qu'à rectifier le bon sens, qui s'est confondu par la précipitation, par la coutume et par l'usage.

L'idée qu'on vient de donner de la science en général pourrait suffire pour persuader les personnes dépréoccupées que les hommes et les femmes en sont également capables. Mais parce que l'opinion contraire est des plus enracinées, il faut, pour l'arracher entièrement, la combattre par principes afin que joignant les apparences favorables au beau sexe qu'on a présentées dans la première partie, avec les raisons physiques qu'on va apporter, l'on puisse absolument être convaincu en sa faveur.

Que les femmes considérées selon les principes de la saine philosophie sont autant capables que les hommes de toutes sortes de connaissances.

Il est aisé de remarquer que la différence des sexes ne regarde que le corps, n'y ayant proprement que cette partie qui serve à la production des hommes, et l'esprit ne faisant qu'y prêter son consentement, et le faisant en tous de la même manière, on peut conclure qu'il n'a point de sexe.

Si on le considère en lui-même, l'on trouve qu'il est égal et de même nature en tous les hommes et capable de toutes sortes de pensées. Les plus petites l'occupent comme les grandes ; il n'en faut pas moins pour bien connaître un ciron qu'un éléphant, quiconque sait en quoi consiste la lumière et le feu d'une étincelle sait aussi ce que c'est que la lumière du soleil. Quand on s'est accoutumé à penser aux choses qui ne regardent que l'esprit, l'on y voit tout au moins aussi clair que dans ce qu'il y a de plus matériel, qui se connaît par les sens. Je ne découvre pas plus de différence entre l'esprit d'un homme grossier et ignorant et celui d'un homme délicat et éclairé qu'entre l'esprit d'un même homme considéré à l'âge de dix ans et à l'âge de quarante, et comme il n'en paraît pas davantage entre celui des deux sexes, on peut dire que leur différence n'est pas de ce côté-là. La constitution du corps, mais particulièrement l'éducation, l'exercice et les impressions de tout ce qui nous environne étant partout les causes naturelles et sensibles de tant de diversités qui s'y remarquent.

C'est Dieu qui unit l'esprit au corps de la femme, comme à celui de l'homme, et qui l'y unit par les mêmes lois. Ce sont les sentiments, les passions, et les volontés qui font et entretiennent cette union, et l'esprit n'agissant pas autrement dans un sexe que dans l'autre, il y est également capable des mêmes choses.

Cela est encore plus clair à considérer seulement la tête, qui est l'unique organe des sciences, et où l'esprit fait toutes ses fonctions ; l'anatomie la plus exacte ne nous fait remarquer aucune différence dans cette partie entre les hommes et les femmes, le cerveau de celles-ci est entièrement semblable au nôtre, les impressions des sens s'y reçoivent et s'y rassemblent de même façon et ne s'y conservent point autrement pour l'imagination et pour la mémoire. Les femmes entendent comme nous par les oreilles, elles voient par les yeux et elles goûtent avec la langue et il n'y a rien de particulier dans la disposition de ces organes, sinon que d'ordinaire elles les ont plus délicats, ce qui est un avantage. De sorte que les objets extérieurs les touchent de la même façon, la lumière par les yeux et le son par les oreilles. Qui les empêchera donc de s'appliquer à la considération d'elles-mêmes, d'examiner en quoi consiste la nature de l'esprit, combien il a de sortes de pensées et comment elles s'excitent à l'occasion de certains mouvements corporels, de consulter ensuite les idées naturelles qu'elles ont de Dieu et de commencer par les choses spirituelles à disposer avec ordre leurs pensées et à se faire la science qu'on appelle métaphysique.

Puisqu'elles ont aussi des yeux et des mains, ne pourraient-elles pas faire elles-mêmes, ou voir faire à d'autres, la dissection d'un corps humain, en considérer la symétrie et la structure, remarquer la diversité, la différence et le rapport de ses parties, leurs figures, leurs mouvements et leurs fonctions, les altérations dont elles sont susceptibles, et conclure de là le moyen de les conserver dans une bonne disposition et de les y rétablir, quand elle est une fois changée ?

Il ne leur faudrait plus pour cela que connaître la nature des corps extérieurs qui ont rapport avec le leur, en découvrir les propriétés et tout ce qui les rend capables d'y faire quelque impression bonne ou mauvaise ; cela se connaît par le ministère des sens et par les diverses expériences qu'on en fait, et les femmes étant également capables de l'un et de l'autre peuvent apprendre aussi bien que nous la physique et la médecine.

Faut-il tant d'esprit pour connaître que la respiration est absolument nécessaire à la conservation de la vie, et qu'elle se fait par le moyen de l'air, qui entrant par le canal du nez et de la bouche s'insinue dans les poumons pour y rafraîchir le sang qui y passe en circulant, et y cause des altérations différentes selon qu'il est plus ou moins grossier par le mélange des vapeurs et des exhalaisons dont on le voit quelquefois mêlé ?

Est-ce une chose si difficile que de découvrir que le goût des aliments consiste de la part du corps dans la différente manière dont ils sont délayés sur la langue par la salive ? Il n'y a personne qui ne sente après le repas que les viandes qu'on met alors dans la bouche s'y divisant tout autrement que celles dont on s'est nourri y causent un sentiment moins agréable. Ce qui reste à connaître des fonctions du corps humain considéré avec ordre n'a pas plus de difficulté.

Les passions sont assurément ce qu'il y a de

plus curieux en cette matière. On y peut remarquer deux choses, les mouvements du corps, avec les pensées et les émotions de l'âme qui y sont jointes. Les femmes peuvent connaître cela aussi aisément que nous. Quant aux causes qui excitent les passions, on sait comment elles le font, quand on a une fois bien compris par l'étude de la physique la manière dont les choses qui nous environnent nous importent et nous touchent, et par l'expérience et l'usage comment nous y joignons et en séparons nos volontés.

En faisant des méditations régulières sur les objets des trois sciences dont on vient de parler, une femme peut observer que l'ordre de ses pensées doit suivre celui de la nature, qu'elles sont justes lorsqu'elles y sont conformes, qu'il n'y a que la précipitation dans nos jugements, qui empêche cette justesse, et remarquant ensuite l'économie qu'elle aurait gardée pour y arriver, elle pourrait faire des réflexions qui lui serviraient de règle pour l'avenir et s'en former une logique.

Si l'on disait nonobstant cela que les femmes ne peuvent pas acquérir par elles-mêmes ces connaissances, ce qui se dirait gratis, au moins ne pourrait-on nier qu'elles le puissent avec le secours des maîtres et des livres, comme l'ont fait les plus habiles gens dans tous les siècles.

Il suffit d'alléguer la propreté[1] reconnue du sexe pour faire croire qu'il est capable d'entendre les proportions de mathématique, et nous nous contredirions nous-mêmes de douter que s'il

1. Capacité à juger de ce qui se fait, de ce qui est approprié.

s'appliquait à la construction des machines, il n'y réussît aussi bien que le nôtre, puisque nous lui attribuons plus de génie et plus d'artifice.

Il ne faut que des yeux et un peu d'attention pour observer les phénomènes de la nature, pour remarquer que le soleil et tous les corps lumineux qui sont au ciel sont des feux véritables, puisqu'ils nous frappent et nous éclairent de même que les feux d'ici-bas, qu'ils paraissent successivement répondre à divers endroits de la terre et pour pouvoir ainsi juger de leurs mouvements et de leurs cours, et quiconque peut rouler dans sa tête de grands desseins et en faire jouer les ressorts y peut aussi faire rouler avec justesse toute la machine du monde, s'il en a une fois bien observé les diverses apparences.

Nous avons déjà trouvé dans les femmes toutes les dispositions qui rendent les hommes propres aux sciences, qui les regardent en eux-mêmes, et si nous continuons d'y regarder d'aussi près, nous y trouverons encore celles qu'il faut pour les sciences qui les concernent comme liées avec leurs semblables dans la société civile.

C'est un défaut de la philosophie vulgaire de mettre entre les sciences une si grande distinction qu'on ne peut guère, suivant la méthode qui lui est particulière, reconnaître aucune liaison entre elles. Ce qui est cause que l'on restreint si fort l'étendue de l'esprit humain, en s'imaginant qu'un même homme n'est presque jamais capable de plusieurs sciences, que pour être propre à la physique et à la médecine, on ne l'est pas pour cela à l'éloquence ni à la théologie et qu'il faut autant de génies différents qu'il y a de sciences différentes.

Cette pensée vient, d'une part, de ce que l'on confond ordinairement la nature avec la coutume, en prenant la disposition de certaines personnes à une science plutôt qu'à l'autre pour un effet de leur constitution naturelle, au lieu que ce n'est souvent qu'une inclination casuelle, qui vient de la nécessité, de l'éducation ou de l'habitude, et de l'autre part, faute d'avoir remarqué qu'il n'y a proprement qu'une science au monde, qui est celle de nous-mêmes, et que toutes les autres n'en sont que des applications particulières.

En effet, la difficulté que l'on trouve aujourd'hui à apprendre les langues, la morale et le reste consiste en ce qu'on ne sait pas les rapporter à cette science générale, d'où il pourrait arriver que tous ceux qui croiraient les femmes capables de la physique et de la médecine n'estimeraient pas pour cela qu'elles le fussent de celles dont on va parler. Cependant, la difficulté est égale des deux côtés, il s'agit partout de bien penser. On le fait en appliquant sérieusement son esprit aux objets qui se présentent pour s'en former des idées claires et distinctes, pour les envisager par toutes leurs faces et tous les rapports différents, et pour n'en juger que sur ce qui paraît manifestement véritable. Il ne faut avec cela que disposer ses pensées dans un ordre naturel pour avoir une science parfaite. Il n'y a rien en cela qui soit au-dessus des femmes, et celles qui seraient instruites par cette voie de la physique et de la médecine seraient capables d'avancer de même dans toutes les autres.

Pourquoi ne pourraient-elles pas reconnaître que la nécessité de vivre en société nous obligeant de communiquer nos pensées par quelques signes extérieurs, le plus commode de tous est la parole, qui consiste dans l'usage des mots dont les hommes sont convenus ? Qu'il doit y en avoir autant de sortes qu'il y a d'idées, qu'il faut qu'ils aient entre eux quelque rapport de son et de signification pour les pouvoir apprendre et retenir plus aisément et pour n'être pas obligé de les multiplier à l'infini, qu'il les faut arranger dans l'ordre le plus naturel et le plus conforme à celui de nos pensées, et n'en employer dans le discours qu'autant qu'on en a besoin pour se faire entendre ?

Ces réflexions mettraient une femme en état de travailler en académicienne à la perfection de sa langue naturelle, reformant ou retranchant les mauvais mots, en introduisant de nouveaux, réglant l'usage sur la raison et sur les idées justes qu'on a des langues. Et la méthode avec laquelle elle aurait appris celle de son pays lui servirait merveilleusement à apprendre celle des étrangers, à en découvrir les délicatesses, à en lire les auteurs, et à devenir ainsi très habile dans la grammaire et dans ce qu'on appelle humanités.

Les femmes aussi bien que les hommes ne parlent que pour faire entendre les choses comme elles les connaissent et pour disposer leurs semblables à agir comme elles souhaitent, ce qu'on appelle persuader. Elles y réussissent naturellement mieux que nous. Et pour le faire encore avec art, elles n'auraient qu'à s'étudier à présenter les choses comme elles se présentent à elles, ou qu'elles s'y présenteraient si elles étaient à la place de ceux qu'elles voudraient toucher. Tous les hommes étant faits de même manière sont presque toujours émus de même par les objets, et s'il y a quelque différence, elle vient de leurs inclinations, de leurs habitudes, ou de leur état, ce qu'une femme connaîtrait avec un peu de réflexion et d'usage, et sachant disposer ses pensées en la façon la plus convenable, les exprimer avec politesse et avec grâce, et y ajuster les gestes, l'air du visage et la voix, elle posséderait la véritable éloquence.

Il n'est pas croyable que les femmes puissent pratiquer si hautement la vertu sans être capables d'en pénétrer les maximes fondamentales. En effet, une femme déjà instruite, comme on l'a représentée, découvrirait elle-même les règles de sa conduite en découvrant les trois sortes de devoirs qui comprennent toute la morale, dont les premiers regardent Dieu, les seconds nous regardent nous-mêmes et les troisièmes notre prochain. Les idées claires et distinctes qu'elle aurait formées de son esprit et de l'union de l'esprit avec le corps la porteraient infailliblement à reconnaître qu'il y a un autre esprit infini, auteur de toute la nature, et à concevoir pour lui les sentiments sur lesquels la religion est fondée. Et après avoir appris par la physique en quoi consiste le plaisir des sens et de quelle façon les choses extérieures contribuent à la perfection de l'esprit et à la conservation du corps, elle ne manquerait pas de juger qu'il faut être ennemi de soi-même pour n'en pas user avec beaucoup de modération. Si elle venait ensuite à se considérer comme engagée dans la société civile avec d'autres personnes semblables à elle et sujettes aux mêmes passions, et à des besoins qu'on ne peut satisfaire sans une assistance mutuelle, elle entrerait sans peine dans cette pensée de laquelle dépend toute notre justice, qu'il faut traiter les autres comme on veut être traité, et qu'on doit pour cela réprimer ses désirs, dont le dérèglement qu'on appelle cupidité cause tout le trouble et tout le malheur de la vie.

Elle se confirmerait davantage dans la persuasion du dernier de ces devoirs si elle poussait plus loin sa pointe, en découvrant le fond de la politique et de la jurisprudence. Comme l'une et l'autre ne regarde que les devoirs des hommes entre eux, elle jugerait que pour comprendre à quoi ils sont obligés dans la société civile il faut savoir ce qui les a portés à la former. Elle les considérerait donc comme hors de cette société, et elle les trouverait tous entièrement libres et égaux, et avec la seule inclination de se conserver, et un droit égal sur tout ce qui y serait nécessaire. Mais elle remarquerait que cette égalité les engageant dans une guerre ou une défiance continuelle, ce qui serait contraire à leur fin, la lumière naturelle dicterait qu'ils ne pourraient vivre en paix sans relâcher chacun de son droit, et sans faire des conventions, et des contrats ; que pour rendre ces actions valides et se tirer d'inquiétude, ce serait une nécessité d'avoir recours à un tiers, lequel prenant l'autorité contraindrait chacun de garder ce qu'il aurait promis aux autres ; que celui-ci n'ayant été choisi que pour l'avantage de ses sujets, il ne devrait point avoir d'autre but ; et que pour arriver à la fin de son établissement, il faudrait qu'il fût maître des biens et des personnes, de la paix, et de la guerre.

En examinant à fond cette matière, qui empêcherait qu'une femme ne trouvât ce que c'est que l'équité naturelle, ce que c'est que contrat, autorité et obéissance, quelle est la nature de la loi, quel usage on doit faire des peines, en quoi consiste le droit civil et celui des gens, quels sont les devoirs des princes et des sujets ? En un mot, elle apprendrait par ses propres réflexions et par les livres ce qu'il faut pour être jurisconsulte et politique.

Après qu'elle aurait acquis une parfaite connaissance d'elle-même et qu'elle se serait solidement instruite des règles générales de la conduite des hommes, elle serait peut-être bien aise de s'informer aussi de quelle manière on vit dans les pays étrangers. Comme elle aurait remarqué que les changements de temps, de saisons, de lieu, d'âge, de nourriture, de compagnie, d'exercice lui auraient causé des altérations et des passions différentes, elle n'aurait pas de peine à reconnaître que ces diversités-là produisent le même effet à l'égard des peuples entiers, qu'ils ont des inclinations, des coutumes, des mœurs et des lois différentes selon qu'ils sont plus près ou plus loin des mers, du Midi ou du septentrion, selon qu'il y a des plaines, des montagnes, des rivières et des bois chez eux, que le terroir est plus ou moins fertile et porte des nourritures particulières, et selon le commerce et les affaires qu'ils ont avec d'autres peuples voisins ou éloignés ; elle pourrait étudier toutes ces choses et apprendre ainsi quels sont les mœurs, les richesses, la religion, le gouvernement et les intérêts de vingt ou trente nations différentes aussi facilement que d'autant de familles particulières. Car pour ce qui est de la situation des royaumes, du rapport des mers et des terres, des îles et du continent, il n'y a pas plus de difficulté à l'apprendre dans une carte qu'à savoir les quartiers et les rues de la ville et les routes de la province où l'on demeure.

La connaissance du présent pourrait lui faire naître l'envie de connaître aussi le passé et ce qu'elle aurait retenu de géographie lui serait d'un grand secours dans ce dessein, lui donnant moyen d'entendre mieux les affaires, comme les guerres, les voyages et les négociations lui marquant les lieux où elles se sont faites, les passages, les chemins et la liaison des États. Mais ce qu'elle saurait de la manière d'agir des hommes en général par les réflexions qu'elle aurait faites sur elle-même la ferait entrer dans le fin de la politique, des intérêts et des passions, et l'aiderait à découvrir le mobile et le ressort des entreprises, la source des révolutions et à suppléer dans les grands desseins les petites choses qui les ont fait réussir et qui sont échappées aux historiens, et suivant les idées justes qu'elle aurait du vice et de la vertu, elle remarquerait la flatterie, la passion et l'ignorance des auteurs, et se garantirait ainsi de la corruption que l'on prend dans la lecture des histoires où ces défauts sont mêlés ordinairement. Comme la politique ancienne n'était pas si raffinée que la moderne, et que les intérêts des princes étaient moins liés autrefois qu'à présent, et le commerce moins étendu, il faut plus d'esprit pour entendre et démêler les gazettes[1] que Tite-Live et Quinte-Curce[2].

Il y a quantité de personnes qui trouvent l'histoire ecclésiastique plus agréable et plus solide que l'histoire profane ou civile, parce qu'on y remarque que la raison et la vertu sont poussées plus loin, et que les passions et les préjugés couverts du prétexte de la religion font prendre à l'esprit un tour tout particulier dans sa conduite. Une femme s'y appliquerait avec d'autant plus d'affection qu'elle la jugerait plus importante, elle se convaincrait que les livres de l'Écriture ne sont pas moins authentiques que tous les autres que nous avons, qu'ils contiennent la véritable religion et toutes les maximes sur lesquelles elle est fondée, que le Nouveau Testament où commence proprement l'histoire du christianisme n'est pas plus difficile à entendre que les auteurs grecs et latins, que ceux qui le lisent dans la simplicité des enfants, ne cherchant que le royaume de Dieu, en découvrent la vérité et le sens avec plus de facilité et de plaisir que celui des énigmes, des emblèmes et des fables. Et après s'être réglé l'esprit par la morale de Jésus-

1. Journaux et périodiques.

2. Comme Tite-Live, Quinte-Curce (Ier siècle après J.-C.) est un historien latin, auteur d'une *Histoire d'Alexandre*.

Christ, elle se trouverait en état de diriger ses semblables, de lever leurs scrupules et de résoudre les cas de conscience avec plus de solidité que si elle s'était remplie la tête de tous les casuistes du monde.

Je ne vois rien qui empêchât que dans la suite de son étude elle n'observât aussi facilement que ferait un homme comment l'Évangile est passé de main en main, de royaume en royaume, de siècle en siècle, jusqu'au sien, qu'elle ne prît par la lecture des Pères l'idée de la vraie théologie et ne trouvât qu'elle ne consiste qu'à savoir l'histoire des chrétiens et les sentiments particuliers de ceux qui en ont écrit. Ainsi elle se rendrait assez habile pour faire des ouvrages sur la religion, pour annoncer la vérité et pour combattre les nouveautés en montrant ce qui a toujours été cru et dans toute l'Église sur les matières contestées.

Si une femme est capable de s'instruire par l'histoire de ce que sont toutes les sociétés publiques, comment elles se sont formées et comment elles se maintiennent en vertu d'une autorité fixe et constante exercée par des magistrats et des officiers subordonnés les uns aux autres, elle ne l'est pas moins de s'informer de l'application de cette autorité dans les lois, les ordonnances et les règlements, pour la conduite de ceux qui y sont soumis, tant pour le rapport des personnes, selon les diverses conditions, que pour la possession et pour l'usage des biens. Est-ce une chose si difficile à savoir quel rapport il y a entre un mari et sa femme, entre le père et les enfants, entre le maître et les domestiques, entre un seigneur et ses vassaux, entre ceux qui sont alliés, entre un tuteur et un pupille ? Y a-t-il tant de mystère à entendre ce que c'est que de posséder par achat, par échange, par donation, par legs, par testament, par prescription, par usufruit, et quelles sont les conditions nécessaires pour rendre ces usages valides ?

Il ne paraît pas qu'il faille plus d'intelligence pour bien prendre l'esprit de la société chrétienne que celui de la société civile, pour former une idée juste de l'autorité qui lui est particulière et sur laquelle est fondée toute sa conduite, et pour distinguer précisément celle que Jésus-Christ a laissée à son Église d'avec la domination qui n'appartient qu'aux puissances temporelles. Après avoir fait cette distinction absolument nécessaire pour bien entendre le droit canon, une femme le pourrait étudier et remarquer comment l'Église s'est réglée sur le civil, et comment l'on a mêlé la juridiction séculière avec la spirituelle, en quoi consiste la hiérarchie, quelles sont les fonctions des prélats, ce que peuvent les conciles, les papes, les évêques et les pasteurs, ce que c'est que discipline, quelles en sont les règles et les changements. Ce que c'est que canons, privilèges et exemptions. Comment se sont établis les bénéfices, quel en est l'usage et la possession. En un mot, quelles sont les coutumes et les ordonnances de l'Église et les devoirs de tous ceux qui la composent. Il n'y a rien là de quoi une femme ne soit très capable, et ainsi elle pourrait devenir très savante dans le droit canon.

Voilà quelques idées générales des plus hautes connaissances dont les hommes se sont servis pour signaler leur esprit et pour faire fortune, et dont ils sont depuis si longtemps en possession au préjudice des femmes. Et quoiqu'elles n'y aient pas moins de droit qu'eux, ils ont néanmoins à leur égard des pensées et une conduite qui sont d'autant plus injustes qu'on ne voit rien de pareil dans l'usage des biens du corps.

L'on a jugé à propos que la prescription eût lieu pour la paix et la sûreté des familles, c'est-à-dire qu'un homme qui aurait joui du bien d'autrui sans trouble et de bonne foi durant un certain espace de temps en demeurerait possesseur, sans qu'on y pût rien prétendre après. Mais on ne s'est jamais avisé de croire que ceux qui en étaient déchus par négligence ou autrement fussent incapables d'y rentrer par quelque voie, et l'on n'a jamais regardé leur inhabilité que comme civile.

Au contraire, l'on ne s'est pas contenté de ne point rappeler les femmes au partage des sciences et des emplois ; après une longue prescription contre elles, on a passé plus loin, et l'on s'est figuré que leur exclusion est fondée sur une impuissance naturelle de leur part.

Cependant il n'y a rien de plus chimérique que cette imagination. Car soit que l'on considère les sciences en elles-mêmes, soit qu'on regarde l'organe qui sert à les acquérir, on trouvera que les deux sexes y sont également disposés. Il n'y a qu'une seule méthode et une seule voie pour insinuer la vérité dans l'esprit dont elle est la nourriture, comme il n'y en a qu'une pour faire entrer les aliments dans toutes sortes d'estomacs pour la subsistance du corps. Pour ce qui est des différentes dispositions de cet organe qui rendent plus ou moins propres aux sciences, si l'on veut reconnaître de bonne foi ce qui en est, on avouera que le plus est pour les femmes.

L'on ne peut disconvenir que ceux d'entre les hommes qui sont si grossiers et si matériels ne soient ordinairement stupides, et qu'au contraire les plus délicats sont toujours les plus spirituels. Je trouve là-dessus l'expérience trop générale et trop constante pour avoir besoin de l'appuyer ici de raisons ; ainsi le beau sexe étant d'un tempérament plus délicat que le nôtre ne manquerait pas de l'égaler au moins s'il s'appliquait à l'étude.

Je prévois bien que cette pensée ne sera pas goûtée de beaucoup de gens qui la trouveront un peu forte. Je n'y saurais que faire. L'on s'imagine qu'il y va de l'honneur de notre sexe de le faire primer partout, et moi je crois qu'il est de la justice de rendre à un chacun ce qui lui appartient.

En effet nous avons tous, hommes et femmes, le même droit sur la vérité puisque l'esprit est en tous également capable de la connaître et que nous sommes tous frappés de la même façon par les objets qui font impression sur le corps. Ce droit que la nature nous donne à tous sur les mêmes connaissances naît de ce que nous en avons tous autant de besoin les uns que les autres. Il n'y a personne qui ne cherche à être heureux et c'est à quoi tendent toutes nos actions, et pas un ne le peut être solidement que par des connaissances claires et distinctes, et c'est en cela que Jésus-Christ même et saint Paul nous font espérer que consistera le bonheur de l'autre vie. Un avare s'estime heureux lorsqu'il connaît qu'il possède de grandes richesses, un ambitieux lorsqu'il s'aperçoit qu'il est au-dessus de ses semblables ; en un mot, tout le bonheur des hommes, vrai ou imaginaire, n'est que dans la connaissance, c'est-à-dire dans la pensée qu'ils ont de posséder le bien qu'ils recherchent.

C'est ce qui me fait croire qu'il n'y a que les idées de la vérité qu'on se procure par l'étude, et qui sont fixes et indépendantes de la possession ou du manquement des choses qui puissent faire la vraie félicité de cette vie. Car ce qui fait qu'un avare ne peut être heureux dans la simple connaissance qu'il a des richesses, c'est que cette connaissance pour faire son bonheur doit être liée avec le désir ou l'imagination de les posséder pour le présent. Et lorsque son imagination les lui représente comme éloignées de lui et hors de sa puissance, il ne peut y penser sans s'affliger. Il en va tout autrement de la science qu'on a de soi-même et de toutes celles qui en dépendent, mais particulièrement de celles qui entrent dans le commerce de la vie. Puis donc que les deux sexes sont capables de la même félicité, ils ont le même droit sur tout ce qui sert à l'acquérir.

Lorsque l'on dit que le bonheur consiste principalement dans la connaissance de la vérité, on n'en exclut pas la vertu, on estime au contraire que celle-ci en fait le plus essentiel. Mais un homme n'est heureux par la vertu qu'autant qu'il connaît qu'il en a ou qu'il tâche d'en avoir. Cela veut dire qu'encore qu'il suffise pour estimer un homme heureux de voir qu'il pratique la vertu quoiqu'il ne la connaisse pas parfaitement, et même que cette pratique avec une connaissance confuse et imparfaite puisse contribuer à acquérir le bonheur de l'autre vie, il est certain qu'il ne peut lui-même s'estimer solidement heureux sans s'apercevoir qu'il fait le bien, comme il ne se croirait point riche s'il ne savait qu'il possède des richesses.

Ce qui est cause qu'il y a si peu de gens qui aient du goût et de l'amour pour la véritable vertu, c'est qu'ils ne la connaissent pas et n'y faisant point d'attention, lorsqu'ils la pratiquent, ils ne sentent point la satisfaction qu'elle produit et qui fait le bonheur dont nous parlons. Cela vient de ce que la vertu n'est pas une simple spéculation du bien auquel on est obligé, mais un désir effectif qui naît de la persuasion qu'on en a, et on ne la peut pratiquer avec plaisir sans ressentir de l'émotion. Parce qu'il en est comme des liqueurs les plus excellentes qui semblent quelquefois amères ou sans douceur, si, lorsqu'elles sont sur la langue, l'esprit est occupé ailleurs et ne s'applique point au mouvement qu'elles y causent.

Non seulement les deux sexes ont besoin de lumière pour trouver leur bonheur dans la pratique de la vertu, ils en ont encore besoin pour la bien pratiquer. C'est la persuasion qui fait agir, et l'on est d'autant plus persuadé de son devoir qu'on le connaît plus parfaitement. Le peu qu'on a dit ici sur la morale suffit pour insinuer que la science de nous-mêmes est très importante pour rendre plus forte la persuasion des devoirs auxquels on est obligé. Et il ne serait pas difficile de montrer comment toutes les autres y contribuent ni de faire voir que la raison pourquoi tant de personnes pratiquent si mal la vertu ou tombent dans le dérèglement, c'est uniquement l'ignorance de ce qu'ils sont.

Ce qui fait croire communément qu'il n'est pas besoin d'être savant pour être vertueux, c'est que l'on voit dans le vice quantité de gens qui passent d'ailleurs pour habiles, d'où l'on se figure que non seulement la science est inutile pour la vertu, mais même qu'elle y est souvent pernicieuse. Et cette erreur rend suspect aux esprits faibles et peu instruits la plupart de ceux qui sont en réputation d'être plus éclairés que les autres et donne en même temps du mépris et de l'aversion pour les plus hautes connaissances.

L'on ne prend pas garde qu'il n'y a que les fausses lumières qui laissent ou jettent les hommes dans le désordre parce que les idées confuses que la fausse philosophie donne de nous-mêmes et de ce qui entre dans le corps de nos actions brouillent tellement l'esprit, que ne sachant ce qu'il est, ni ce que sont les choses qui l'environnent ni le rapport qu'elles ont avec lui, et ne pouvant soutenir le poids des difficultés qui se présentent dans cette obscurité, il faut nécessairement qu'il succombe et qu'il s'abandonne à ses passions, la raison étant trop faible pour l'arrêter.

Ce n'est donc que sur une terreur panique qu'est fondée l'imagination bizarre qu'a le vulgaire que l'étude rendrait les femmes plus méchantes et plus superbes. Il n'y a que la fausse science capable de produire un effet si mauvais.

On ne peut apprendre la véritable sans en devenir plus humble et plus vertueux, et rien n'est plus propre à rabaisser la fumée et à se convaincre de sa faiblesse que de considérer tous les ressorts de sa machine, la délicatesse de ses organes, le nombre presque infini d'altérations et de dérèglements pénibles auxquels elle est si sujette. Il n'y a point de méditation plus capable d'inspirer de l'humilité, de la modération et de la douceur à un homme tel qu'il puisse être, que de faire attention par l'étude de la physique à la liaison de son esprit avec le corps et de remarquer qu'il est assujetti à tant de besoins ; que la dépendance où il est dans ses fonctions des plus délicates parties du corps le tient sans cesse exposé à mille sortes de troubles et d'agitations fâcheuses ; que quelques lumières qu'il ait acquises, il ne faut presque rien pour les confondre entièrement ; qu'un peu de bile ou de sang plus chaud ou plus froid qu'à l'ordinaire le jettera peut-être dans l'extravagance, dans la folie et dans la fureur, et lui fera souffrir des convulsions épouvantables.

Comme ces réflexions trouveraient prise dans l'esprit d'une femme aussi bien que dans celui d'un homme, elles en chasseraient l'orgueil, bien loin de l'y faire venir. Et si, après s'être rempli l'esprit des plus belles connaissances, elle rappelait dans sa mémoire toute sa conduite passée pour voir comment elle serait arrivée à l'état heureux où elle se trouverait, bien loin de s'en élever au-dessus des autres, elle verrait de quoi s'humilier davantage puisqu'elle observerait nécessairement dans cette revue qu'elle avait auparavant une infinité de préjugés dont elle n'a pu se défaire qu'en combattant avec peine les impressions de la coutume, de l'exemple et des passions qui l'y retenaient malgré elle, que tous les efforts qu'elle a faits pour découvrir la vérité lui ont été presque inutiles, que ç'a été comme par hasard qu'elle s'est présentée à elle, et lorsqu'elle y pensait le moins, et en des rencontres qui n'arrivent guère qu'une seule fois en la vie, et à très peu de personnes. D'où elle conclurait infailliblement qu'il est injuste et ridicule d'avoir des ressentiments ou du mépris pour ceux qui ne sont pas éclairés comme nous ou qui sont dans un sentiment contraire, et qu'il faut avoir pour eux encore plus de complaisance, et de compassion parce que s'ils ne voient pas la vérité comme nous, ce n'est pas leur faute, mais c'est qu'elle ne s'est pas présentée à eux, quand ils l'ont recherchée, et qu'il y a encore quelque voile de leur part ou de la nôtre qui l'empêche de paraître à leur esprit dans tout son jour, et considérant qu'elle tiendrait pour vrai ce qu'elle aurait cru faux auparavant, elle jugerait sans doute qu'il pourrait encore arriver dans la suite qu'elle fît de nouvelles découvertes par lesquelles elle trouverait faux ou erroné ce qui lui aurait semblé très véritable.

S'il y a eu des femmes qui soient devenues méprisantes se sentant plus de lumière, il y a aussi quantité d'hommes qui tombent tous les jours dans ce vice, et cela ne doit pas être regardé comme un effet des sciences qu'elles possédaient mais de ce que l'on en faisait mystère à leur sexe, et comme d'un côté ces connaissances sont d'ordinaire fort confuses, et que de l'autre celles qui les ont se voient un avantage qui leur est particulier, il ne faut pas s'étonner qu'elles en prennent un sujet d'élèvement. Et c'est une nécessité presque infaillible que dans cet état le même leur arrive qu'à ceux qui ayant peu de naissance et de bien ont fait avec peine une fortune éclatante, lesquels se voyant élevés à un poste où ceux de leur sorte n'ont point accoutumé de monter, l'esprit de vertige les prend et leur présente les objets tout autrement qu'ils ne sont. Au moins est-il très vraisemblable que l'orgueil prétendu des savantes, n'étant rien en comparaison de celui de ces savants qui prennent le titre de maîtres et de sages, les femmes y seraient moins sujettes si leur sexe entrait avec le nôtre en partage égal des avantages qui le produisent.

C'est donc une erreur populaire que de s'imaginer que l'étude est inutile aux femmes parce qu'elles, dit-on, n'ont point de part aux emplois pour lesquels on s'y applique. Elle leur est aussi nécessaire que le bonheur et la vertu puisque sans cela on ne peut posséder parfaitement ni l'un ni l'autre. Elle l'est pour acquérir la justesse dans les pensées et la justice dans les actions ; elle l'est pour nous bien connaître nous-mêmes et les choses qui nous environnent, pour en faire un usage légitime, et pour régler nos passions en modérant nos désirs. Se rendre habile pour entrer dans les charges et les dignités, c'est un des usages de la science, et il en faut acquérir le plus qu'on peut pour être juge ou évêque, parce qu'on ne peut autrement se bien acquitter des fonctions de ces états, mais non pas précisément pour y arriver et pour devenir plus heureux par la possession des honneurs et des avantages qu'ils produisent, ce serait faire de la science un usage bas et sordide.

Ainsi il n'y a que le peu de lumière ou un intérêt secret et aveugle qui puisse faire dire que les femmes doivent demeurer exclues des sciences par la raison qu'elles n'y ont jamais eu de part publiquement. Il n'est pas des biens de l'esprit comme de ceux du corps ; il n'y a point de prescription contre, et quelque temps que l'on en ait été privé, il y a toujours droit de retour. Les mêmes biens du corps ne pouvant être possédés en même temps par plusieurs personnes sans diminution de part et d'autre, l'on a eu raison pour le salut des familles d'y maintenir les possesseurs de bonne foi au préjudice des anciens propriétaires.

Mais pour les avantages de l'esprit, il en est tout autrement. Chacun a droit sur tout ce qui est du bon sens, le ressort de la raison n'a point de borne, elle a dans tous les hommes une égale juridiction. Nous naissons tous juges des choses qui nous touchent, et si nous ne pouvons pas tous en disposer avec un pouvoir égal, nous pouvons au moins les connaître tous également. Et comme tous les hommes jouissent de l'usage de la lumière et de l'air sans que cette communication soit préjudiciable à personne, tous peuvent aussi posséder la vérité sans se nuire les uns aux autres. Et même plus elle est connue, plus elle paraît belle et lumineuse ; plus il y a de personnes qui la cherchent, et plus tôt on la découvre ; si les deux sexes y avaient travaillé également, on l'aurait plus tôt trouvée. De sorte que la vérité et la science sont des biens imprescriptibles et ceux qui en ont été privés y peuvent rentrer sans faire tort à ceux qui en sont déjà les maîtres. Il ne peut donc y avoir que ceux qui veulent dominer sur les esprits par la créance qui aient sujet d'appréhender ce retour dans la crainte que si les sciences devenaient si communes, la gloire ne le devînt aussi, et que celle où ils aspirent ne se diminuât par le partage.

Que les femmes ne sont pas moins capables que les hommes des emplois de la société.

C'est pourquoi il n'y a aucun inconvénient que les femmes s'appliquent à l'étude comme nous. Elles sont capables d'en faire aussi un très bon usage et d'en tirer les deux avantages que l'on en peut espérer, l'un d'avoir les connaissances claires et distinctes que nous désirons naturellement, et dont le désir est souvent étouffé et anéanti par la confusion des pensées et par les besoins et les agitations de la vie, et l'autre d'employer ces connaissances pour leur conduite particulière et pour celle des autres dans les différents états de la société dont on fait partie. Cela ne s'accorde pas avec l'opinion commune. Il y en a beaucoup qui croiront bien que les femmes peuvent apprendre ce que l'on comprend sous les sciences physiques ou naturelles, mais non pas qu'elles soient aussi propres que les hommes, à celles qu'on peut appeler civiles, comme la morale, la jurisprudence et la politique, et que si elles peuvent se conduire elles-mêmes par l'application des maximes de ces dernières, elles ne pourront pas pour cela conduire les autres.

L'on a cette pensée faute de prendre garde que l'esprit n'a besoin dans toutes ses actions que de discernement et de justesse, et que quiconque a une fois ces deux qualités en une chose peut les avoir aussi aisément et par la même voie dans tout le reste. La morale ou le civil ne change point la nature de nos actions, elles demeurent toujours physiques parce que la morale n'est autre chose que de savoir la manière dont les hommes regardent les actions de leurs semblables par rapport aux idées qu'ils ont du bien ou du mal, du vice et de la vertu, de la justice et de l'injustice, et de même qu'ayant une fois bien compris les règles du mouvement dans la physique, on peut les appliquer à tous les changements et à toutes les variétés qu'on remarque dans la nature, aussi sachant une fois les véritables maximes des sciences civiles, l'on n'a pas plus de difficulté à en faire l'application aux incidents nouveaux qui surviennent.

Ceux qui sont dans les emplois n'ont pas toujours plus d'esprit que les autres pour avoir eu plus de bonheur, et même il n'est pas nécessaire qu'ils en aient plus que le commun, quoi qu'il soit à souhaiter qu'on n'y admît que ceux qui y seraient les plus propres. Nous agissons toujours de la même façon et par les mêmes règles en quelque état que nous nous trouvions, sinon que plus les états sont relevés, plus nos soins et nos vues sont étendus parce qu'il y faut plus agir. Et tout le changement qui arrive aux hommes que l'on met au-dessus des autres est comme celui d'une personne qui, étant montée au haut d'une tour, porte sa vue plus loin et découvre plus de différents objets que ceux qui demeurent en bas : c'est pourquoi si les femmes sont autant capables que nous de se bien conduire elles-mêmes, elles le sont aussi de conduire les autres et d'avoir part aux emplois et aux dignités de la société civile.

Le plus simple et le plus naturel usage que l'on puisse faire en public des sciences qu'on a bien apprises, c'est de les enseigner aux autres, et si les femmes avaient étudié dans les universités avec les hommes, ou dans celles qu'on aurait établies pour elles en particulier, elles pourraient entrer dans les degrés et prendre le titre de docteur et de maître en théologie et en médecine, en l'un et en l'autre droit, et leur génie qui les dispose si avantageusement à apprendre les disposerait aussi à enseigner avec succès. Elles trouveraient des méthodes et des biais insinuants pour inspirer leur doctrine, elles découvriraient adroitement le fort et le faible de leurs disciples pour se proportionner à leur portée et la facilité qu'elles ont à s'énoncer, et qui est un des plus excellents talents des bons maîtres, achèverait de les rendre des maîtresses admirables.

L'emploi le plus approchant de celui de maître, c'est d'être pasteur ou ministre dans l'Église, et l'on ne peut montrer qu'il y ait autre chose que la coutume qui en éloigne les femmes. Elles ont un esprit comme le nôtre, capable de connaître et d'aimer Dieu, et ainsi de porter les autres à le connaître et à l'aimer. La foi leur est commune avec nous, l'Évangile et ses promesses ne s'adressent pas moins à elles. La charité les comprend aussi dans ses devoirs, et si elles savent en pratiquer les actions, ne pourraient-elles pas aussi en enseigner publiquement les maximes ? Quiconque peut prêcher par ses exemples le peut encore à plus forte raison par ses paroles, et une femme qui joindrait l'éloquence naturelle à la morale de Jésus-Christ serait aussi capable qu'un autre d'exhorter, de diriger, de corriger, d'admettre dans la société chrétienne ceux qui en seraient dignes, et d'en retrancher ceux qui refuseraient d'en observer les règlements après s'y être soumis. Et si les hommes étaient accoutumés à voir les femmes dans une chaire, ils n'en seraient pas plus touchés que les femmes le sont des hommes.

Nous ne sommes assemblés en société que pour vivre en paix et pour trouver dans une assistance mutuelle tout ce qui est nécessaire pour le corps et pour l'esprit. On ne pourrait en jouir sans trouble s'il n'y avait point d'autorité, c'est-à-dire qu'il faut pour cela que quelques personnes aient le pouvoir de faire des lois et d'imposer des peines à ceux qui les violent. Pour bien user de cette autorité, il faut savoir à quoi elle oblige et être persuadé que ceux qui la possèdent ne doivent avoir pour but en l'employant que de procurer le salut et l'avantage de ceux qui leur sont inférieurs. Les femmes n'étant pas moins susceptibles de cette persuasion que les hommes, ceux-ci ne pourraient-ils pas se soumettre à elles et consentir non seulement de ne pas résister à leurs ordres, mais même de contribuer autant qu'ils pourraient pour obliger à leur obéir ceux qui en feraient difficulté ?

Ainsi rien n'empêcherait qu'une femme ne fût sur un trône et que pour gouverner ses peuples elle n'étudiât leur naturel, leurs intérêts, leurs lois, leurs coutumes et leurs usages, qu'elle n'eût égard qu'au mérite dans la distribution des charges, qu'elle ne mît dans les emplois de la robe et de l'épée que des personnes équitables, et dans les dignités de l'Église que des gens de lumière et d'exemple. Est-ce une chose si difficile qu'une femme ne le puisse faire que de s'instruire du fort et du faible d'un État et de ceux qui l'environnent, d'entretenir chez les étrangers des intelligences secrètes pour découvrir leurs desseins et pour rompre leurs mesures, et d'avoir des espions et des émissaires fidèles dans tous les lieux suspects, pour être informé exactement de tout ce qui s'y passe, à quoi l'on aurait intérêt ? Faut-il pour la conduite d'un royaume plus d'application et plus de vigilance que les femmes n'en ont pour leurs familles et les religieuses pour leurs couvents ? Le raffinement ne leur manquerait non plus dans les négociations publiques qu'il ne leur manque dans les affaires particulières, et comme la piété et la douceur sont naturelles à leur sexe, la domination en serait moins rigoureuse que n'a été celle de plusieurs princes, et l'on souhaiterait sous leur règne ce que l'on a craint sous tant d'autres, que les sujets se réglassent sur l'exemple des personnes qui les gouvernent.

Il est aisé de conclure que si les femmes sont capables de posséder souverainement toute l'autorité publique, elles le sont encore plus de n'en être que les ministres, comme d'être vice-reines, gouvernantes, secrétaires, conseillères d'État, intendantes des finances.

Pour moi je ne serais pas plus surpris de voir une femme le casque en tête que de lui voir une couronne, présider dans un conseil de guerre comme dans celui d'un État, exercer elle-même ses soldats, ranger une armée en bataille, la partager en plusieurs corps comme elle se divertirait à le voir faire. L'art militaire n'a rien par-dessus les autres dont les femmes sont capables, sinon qu'il est plus rude et qu'il fait plus de bruit et plus de mal. Les yeux suffisent pour apprendre dans une carte un peu exacte toutes les routes d'un pays, les bons et les mauvais passages, les endroits les plus propres aux surprises et aux campements. Il n'y a guère de soldats qui ne sachent bien qu'il faut occuper les défilés avant que d'y engager ses troupes, régler toutes ses entreprises sur les avis certains de bons espions, tromper même son armée par des ruses et des contremarches pour mieux cacher son dessein. Une femme peut cela, et inventer des stratagèmes pour surprendre l'ennemi, lui mettre le vent, la poussière, le soleil en face, et l'attaquant d'un côté, le faire envelopper par l'autre, lui donner de fausses alarmes, l'attirer dans une embuscade par une fuite simulée, livrer une bataille et monter la première à la brèche pour encourager ses soldats. La persuasion et la passion font tout, et les femmes ne témoignent pas moins d'ardeur et de résolution lorsqu'il y va de l'honneur qu'il n'en faut pour attaquer et pour défendre une place.

Que pourrait-on trouver raisonnablement à redire qu'une femme de bon sens et éclairée présidât à la tête d'un parlement et de toute autre compagnie ? Il y a quantité d'habiles gens qui auraient moins de peine à apprendre les lois et les coutumes d'État que celle des jeux que les femmes entendent si bien, il est aussi aisé de les retenir qu'un roman entier. Ne peut-on pas voir le point d'une affaire aussi facilement que le dénouement d'une intrigue dans une pièce de théâtre, et faire aussi fidèlement le rapport d'un procès que le récit d'une comédie ? Toutes ces choses sont également faciles à ceux qui s'y appliquent également.

Comme il n'y a ni charge ni emploi dans la société qui ne soit renfermé dans ceux dont on vient de parler, ni où l'on ait besoin de plus de science ni de plus d'esprit, il faut reconnaître que les femmes sont propres à tout.

Outre les dispositions naturelles de corps, et les idées que l'on a des fonctions et des devoirs de son emploi, il y a encore un certain accessoire qui rend plus ou moins capable de s'en acquitter dignement : la persuasion de ce qu'on est obligé de faire, les considérations de religion et d'intérêt, l'émulation entre les pareils, le désir d'acquérir de la gloire, de faire, de maintenir ou d'augmenter sa fortune. Selon qu'un homme est plus ou moins touché de ces choses il agit tout autrement, et les femmes n'y étant pas moins sensibles que les hommes, elles leur sont à l'égard des emplois égales en tout.

L'on peut donc en assurance exhorter les dames à s'appliquer à l'étude sans avoir égard aux petites raisons de ceux qui entreprendraient de les en détourner. Puisqu'elles ont un esprit comme nous capable de connaître la vérité, qui est la seule chose qui les puisse occuper dignement, elles doivent se mettre en état d'éviter le reproche d'avoir enfermé un talent qu'elles pouvaient faire valoir et d'avoir retenu la vérité dans l'oisiveté et dans la mollesse. Il n'y a pas d'autre moyen pour elles de se garantir de l'erreur et de la surprise à quoi sont si exposées les personnes qui n'apprennent rien que par la voie des gazettes, c'est-à-dire par le simple rapport d'autrui, et il n'y en a point d'autre non plus pour être heureuses en cette vie en pratiquant la vertu avec connaissance.

Quelque intérêt qu'elles cherchent outre celui-là, elles le rencontreront dans l'étude. Si les cercles étaient changés en académies, les entretiens y seraient plus solides, plus agréables et plus grands, et chacune peut juger de la satisfaction qu'elle aurait à parler des plus belles choses par celle qu'elle ressent quelquefois à en entendre parler les autres. Quelque légers que fussent les sujets de conversation, elles auraient le plaisir de les traiter plus spirituellement que le commun, et les manières délicates qui sont si particulières à leur sexe étant fortifiées de raisonnements solides en toucheraient bien davantage.

Celles qui ne cherchent qu'à plaire y trouveraient admirablement leur compte, et l'éclat de la beauté du corps relevé par celui de l'esprit en serait cent fois plus vif. Et comme les femmes les moins belles sont toujours regardées de bon œil lorsqu'elles sont spirituelles, les avantages de l'esprit cultivés par l'étude leur donneraient moyen de suppléer abondamment à ce que la nature ou la fortune leur auraient dénié. Elles auraient part aux entretiens des savants et régneraient parmi eux doublement. Elles entreraient dans les affaires, les maris ne pourraient s'exempter de leur abandonner la conduite des familles et de prendre en tout leurs conseils, et si les choses sont dans un état qu'elles ne peuvent plus être admises aux emplois, elles pourraient au moins en connaître les fonctions et juger si on les remplit dignement.

La difficulté d'arriver à ce point ne doit pas épouvanter. Elle n'est pas si grande qu'on la fait. Ce qui est cause qu'on croit qu'il faut tant de peine pour acquérir quelques connaissances, c'est que l'on fait pour cela apprendre quantité de choses qui sont très inutiles à la plupart de ceux qui y aspirent. Toute la science n'ayant jusqu'à présent presque consisté qu'à posséder l'histoire des sentiments de ceux qui nous ont précédés et les hommes s'en étant trop rapportés à la coutume et à la bonne foi de leurs maîtres, très peu ont eu le bonheur de trouver la méthode naturelle. L'on pourra y travailler, et faire voir qu'on peut rendre les hommes habiles en bien moins de temps et avec plus de plaisir qu'on ne s'imagine.

Que les femmes ont une disposition avantageuse pour les sciences, et que les idées justes de perfection, de noblesse et d'honnêteté leur conviennent comme aux hommes.

Jusqu'ici nous n'avons encore regardé que la tête dans les femmes, et l'on a vu que cette partie considérée en général a en elles autant de proportion que dans les hommes, avec toutes les sciences dont elle est l'organe. Néanmoins, parce que cet organe n'est pas entièrement semblable, même dans tous les hommes, et qu'il y en a en qui il est plus propre à certaines choses qu'à d'autres, il faut descendre plus dans le particulier pour voir s'il n'y a rien dans les femmes qui les rende moins propres aux sciences que nous.

L'on peut remarquer qu'elles ont la physionomie plus heureuse et plus grande que nous ; elles ont le front haut, élevé et large, ce qui est la marque ordinaire des personnes imaginatives et spirituelles. Et on trouve en effet que les femmes ont beaucoup de vivacité, d'imagination et de mémoire ; cela veut dire que leur cerveau est disposé de telle sorte qu'il reçoit aisément les impressions des objets, et jusqu'aux plus faibles et aux plus légères qui échappent à ceux qui ont une autre disposition, et qu'il les conserve sans peine et les présente à l'esprit au moment qu'il en a besoin.

Comme cette disposition est accompagnée de

chaleur, elle fait que l'esprit est frappé plus vivement par les objets, qu'il s'y attache et les pénètre davantage et qu'il en étend les images comme il lui plaît. D'où il arrive que ceux qui ont beaucoup d'imagination considérant les choses par plus d'endroits et en moins de temps sont fort ingénieux et inventifs et découvrent plus d'une seule vue que beaucoup d'autres après une longue attention ; ils sont propres à représenter les choses d'une manière agréable et insinuante et à trouver sur-le-champ des biais et des expédients commodes ; ils s'expriment avec facilité et avec grâce, et donnent à leurs pensées un plus beau jour.

Tout cela se remarque dans les femmes, et je ne vois rien dans cette disposition qui soit contraire au bon esprit. Le discernement et la justesse en font le caractère naturel ; pour acquérir ces qualités, il faut se rendre un peu sédentaire et s'arrêter sur les objets afin d'éviter l'erreur et la méprise où l'on tombe en voltigeant. Il est vrai que la multitude des pensées dans les personnes vives emporte quelquefois l'imagination, mais il est vrai aussi qu'on la peut fixer par l'exercice. Nous en avons l'expérience dans les plus grands hommes de ce siècle qui sont presque tous fort imaginatifs.

L'on peut dire que ce tempérament est le plus propre pour la société et que les hommes n'étant pas faits pour demeurer toujours seuls et renfermés dans un cabinet, on doit en quelque façon plus estimer ceux qui ont plus de disposition à communiquer agréablement et utilement leurs pensées. Et ainsi les femmes, qui ont naturellement l'esprit beau parce qu'elles ont de l'imagination, de la mémoire et du brillant, peuvent avec un peu d'application acquérir les qualités du bon esprit.

En voilà suffisamment pour montrer qu'à l'égard de la tête seule les deux sexes sont égaux. Il y a sur le reste du corps des choses très curieuses, mais dont il ne faut parler qu'en passant. Les hommes ont toujours eu ce malheur commun de répandre pour ainsi dire leurs passions dans tous les ouvrages de la nature, et il n'y a guère d'idées qu'ils n'aient jointes avec quelque sentiment d'amour ou de haine, d'estime ou de mépris, et celles qui concernent la distinction des deux sexes sont tellement matérielles et tellement brouillées des sentiments d'imperfection, de bassesse, de déshonnêteté et d'autres bagatelles, que ne pouvant être touchées sans remuer quelque passion et sans exciter la chair contre l'esprit, il est souvent de la prudence de n'en rien dire.

Cependant, c'est sur ce mélange bizarre d'idées toujours confuses que sont fondées les pensées désavantageuses aux femmes, et dont les petits esprits se servent ridiculement pour les mortifier. Le plus juste tempérament qu'il y ait entre la nécessité de s'expliquer et la difficulté de le faire impunément est de marquer ce qu'on doit raisonnablement entendre par perfection et imperfection, par noblesse et par bassesse, par honnêteté et par déshonnêteté.

Concevant qu'il y a un Dieu, je conçois facilement que toutes choses dépendent de lui, et si après avoir considéré l'état naturel et intérieur des créatures qui consiste, si ce sont des corps, dans la disposition de leurs parties à l'égard les unes des autres et leur état extérieur qui est le rapport qu'ils ont pour agir ou pour souffrir avec ceux qui les environnent, si, dis-je, je cherche la raison de ces deux états, je n'en trouve point d'autre que la volonté de celui qui en est l'auteur. J'observe ensuite que ces corps ont d'ordinaire une certaine disposition qui les rend capables de produire et de recevoir certains effets, par exemple que l'homme peut entendre par les oreilles les pensées de ses semblables et leur faire entendre les siennes par les organes de la voix. Et je remarque que les corps sont incapables de ces effets lorsqu'ils sont autrement disposés. D'où je me forme deux idées, dont l'une me représente le premier état des choses avec toutes ses suites nécessaires, et je l'appelle état de perfection, et l'autre idée me représente l'état contraire que je nomme imperfection.

Ainsi un homme est parfait à mon égard lorsqu'il a tout ce qu'il lui faut selon l'institution divine pour produire et pour recevoir les effets auxquels il est destiné, et il est imparfait lorsqu'il a plus ou moins de parties qu'il n'est nécessaire ou quelque indisposition qui l'éloigne de sa fin. C'est pourquoi ayant été formé de sorte qu'il a besoin d'aliments pour subsister, je ne conçois pas ce besoin comme une imperfection, non plus que la nécessité attachée à l'usage des aliments que le superflu sorte du corps. Je trouve ainsi que toutes les créatures sont également parfaites lorsqu'elles sont dans leur état naturel et ordinaire.

Il ne faut pas confondre la perfection avec la noblesse. Ce sont deux choses bien différentes. Deux créatures peuvent être égales en perfection et inégales en noblesse.

En faisant réflexion sur moi-même, il me semble que mon esprit étant seul capable de connaissance doit être préféré au corps et considéré comme le plus noble ; mais lorsque je regarde les corps sans avoir égard à moi, c'est-à-dire sans songer qu'ils me peuvent être utiles ou nuisibles, agréables ou désagréables, je ne puis me persuader que les uns soient plus nobles que les autres, n'étant tous que de la matière diversement figurée. Au lieu que si je me mêle avec les corps, considérant le bien et le mal qu'ils me peuvent faire, je viens à les estimer différemment. Encore que ma tête regardée sans intérêt ne me touche pas plus que les autres parties, je la préfère néanmoins à toutes quand je viens à penser qu'elle m'importe davantage dans l'union de mon esprit avec le corps.

C'est pour la même raison qu'encore que tous les endroits du corps soient également parfaits, on a néanmoins pour eux des regards différents, ceux mêmes dont l'usage est plus nécessaire étant considérés souvent avec quelque sorte de mépris et d'aversion, parce que cet usage est moins agréable ou autrement. Il en est de même de tout ce qui nous environne et nous touche, car ce qui fait qu'une chose plaît à l'un et déplaît à l'autre c'est qu'elle les a frappés différemment.

L'engagement des hommes dans la société est

ce qui produit en eux l'idée de l'honnêteté. Ainsi quoiqu'il n'y ait ni imperfection ni bassesse à soulager le corps, et que ce soit même une nécessité et une suite indispensable de sa disposition naturelle et que toutes les manières de le faire soient égales, il y en a néanmoins que l'on considère comme moins honnêtes parce qu'elles choquent davantage les personnes en présence desquelles on les fait.

Comme toutes les créatures et toutes leurs actions considérées en elles-mêmes, et sans aucun rapport à l'usage ni à l'estime qu'on en fait, sont aussi parfaites et aussi nobles les unes que les autres, elles sont aussi également honnêtes étant considérées de la même façon. C'est pourquoi l'on peut dire que les regards d'honnêteté et de déshonnêteté sont presque tous dans leur origine les effets de l'imagination et du caprice des hommes. Cela paraît en ce qu'une chose qui est honnête en un pays ne l'est pas dans l'autre, et que dans un même royaume, mais en divers temps, ou bien en un même temps, mais entre des personnes d'état, de condition et d'humeur différente, une même action est tantôt conforme, tantôt contraire à l'honnêteté. C'est pourquoi l'honnêteté n'est autre chose que la manière d'user des choses naturelles selon l'estime que les hommes en font, et à quoi il est de la prudence de s'accommoder.

Nous sommes tous tellement pénétrés de cette idée, quoique nous n'y fassions pas de réflexion, que les personnes ou amies, ou spirituelles et judicieuses, qui s'assujettissent en public et avec le vulgaire aux façons de l'honnêteté, s'en délivrent en particulier, comme des charges autant importunes que bizarres.

Il en est de même de la noblesse. En quelques provinces des Indes, les laboureurs ont le même rang que les nobles parmi nous, en certains pays on préfère les gens d'épée à ceux de robe, en d'autres on pratique tout le contraire, chacun selon qu'il a plus d'inclination pour ces états ou qu'il les estime plus importants.

En comparant ces idées-là avec les pensées que le vulgaire a sur les femmes, l'on reconnaîtra sans peine en quoi consiste son erreur.

D'où vient la distinction des sexes, jusqu'où elle s'étend, et qu'elle ne met point de différence entre les hommes et les femmes, par rapport au vice et à la vertu, et que le tempérament en général n'est ni bon ni mauvais en soi.

Dieu voulant produire les hommes dépendamment les uns des autres par le concours de deux personnes fabriqua pour cet usage deux corps qui étaient différents. Chacun était parfait en sa manière et ils devaient être tous deux disposés comme ils sont à présent, et tout ce qui dépend de leur constitution particulière doit être considéré comme faisant partie de leur perfection. C'est donc sans raison que quelques-uns s'imaginent que les femmes ne sont pas si parfaites que les hommes et qu'ils regardent en elles comme un défaut ce qui est un apanage essentiel à leur sexe, sans quoi il serait inutile à la fin pour laquelle il a été formé, qui commence et cesse avec la fécondité, et qui est destiné au plus excellent usage du monde, c'est-à-dire à nous former et à nous nourrir dans leur sein.

Les deux sexes sont nécessaires pour produire ensemble leur pareil, et si l'on savait comment le nôtre y contribue, l'on trouverait bien du mécompte pour nous. Il est difficile de comprendre sur quoi se fondent ceux qui soutiennent que les hommes sont plus nobles que les femmes en ce qui regarde les enfants. Ce sont proprement celles-ci qui nous conçoivent, qui nous forment, qui nous donnent l'être, la naissance et l'éducation. Il est vrai que cela leur coûte plus qu'à nous, mais il ne faut pas que cette peine leur soit préjudiciable et leur attire le mépris au lieu de l'estime qu'elles en méritent. Qui voudrait dire que les pères et les mères qui travaillent à élever leurs enfants, les bons princes à gouverner leurs sujets et les magistrats à leur rendre la justice soient moins estimables que ceux de l'entremise et du secours desquels ils se servent pour s'acquitter de leur devoir ?

Il y a des médecins qui se sont fort étendus sur le tempérament des sexes au désavantage des femmes et ont fait des discours à perte de vue pour montrer que leur sexe doit avoir un tempérament tout à fait différent du nôtre et qui le rend inférieur en tout. Mais leurs raisons ne sont que des conjectures légères qui viennent dans l'esprit de ceux qui ne jugent des choses que par préjugé et sur de simples apparences.

Voyant les deux sexes plus distingués pour ce

qui regarde les fonctions civiles que celles qui leur sont particulières, ils se sont imaginé qu'ils devaient être de la sorte, et ne discernant pas assez exactement ce qui vient de la coutume et de l'éducation d'avec ce que donne la nature, ils ont attribué à une même cause tout ce qu'ils voyaient dans la société, se figurant que Dieu en créant l'homme et la femme les avait disposés d'une façon qui doit produire toute la distinction que nous remarquons entre eux.

C'est porter trop loin la différence des sexes. On la doit restreindre dans le dessein que Dieu a eu de former les hommes par le concours de deux personnes et n'en admettre qu'autant qu'il est nécessaire pour cet effet. Aussi voyons-nous que les hommes et les femmes sont semblables presque en tout pour la constitution intérieure et extérieure du corps et que les fonctions naturelles, et desquelles dépend notre conservation, se font en eux de la même manière. C'est donc assez afin qu'ils donnent naissance à un troisième qu'il y ait quelques organes dans l'un qui ne soient pas dans l'autre. Il n'est pas besoin pour cela, comme on se le figure, que les femmes aient moins de force et de vigueur que les hommes. Et comme il n'y a que l'expérience qui puisse bien faire juger de cette distinction, ne trouve-t-on pas que les femmes sont mêlées comme nous ? Il y en a de fortes et de faibles dans les deux parties, les hommes élevés dans la mollesse sont souvent pires que les femmes et ploient d'abord sous le travail, mais quand ils y sont endurcis par nécessité ou autrement, ils deviennent égaux et quelquefois supérieurs aux autres.

Il en est de même des femmes. Celles qui s'occupent à des exercices pénibles sont plus robustes que les dames qui ne manient qu'une aiguille. Ce qui peut faire penser que si l'on exerçait également les deux sexes, l'un acquerrait peut-être autant de vigueur que l'autre, ce que l'on a vu autrefois dans une république où la lutte et les exercices leur étaient communs, on rapporte le même des Amazones qui sont au midi de l'Amérique.

L'on ne doit donc faire aucun fond sur certaines expressions ordinaires tirées de l'état présent des deux sexes. Lorsqu'on veut blâmer un homme avec moquerie, comme ayant peu de courage, de résolution et de fermeté, on l'appelle efféminé, comme si on voulait dire qu'il est aussi lâche et aussi mou qu'une femme. Au contraire, pour louer une femme qui n'est pas du commun à cause de son courage, de sa force ou de son esprit, on dit que c'est un homme. Ces expressions si avantageuses aux hommes ne contribuent pas peu à entretenir la haute idée qu'on a d'eux, faute de savoir qu'elles ne sont que vraisemblables, et que leur vérité suppose indifféremment la nature ou la coutume, et qu'ainsi elles sont purement contingentes et arbitraires. La vertu, la douceur et l'honnêteté étant si particulières aux femmes, si leur sexe n'avait pas été si peu considéré, lorsqu'on aurait voulu signifier avec éloge qu'un homme a ces qualités en un degré éminent, on aurait dit c'est une femme s'il avait plu aux hommes d'établir cet usage dans le discours.

Quoi qu'il en soit, ce n'est pas la force du corps qui doit distinguer les hommes ; autrement les bêtes auraient l'avantage par-dessus eux, et entre nous ceux qui sont les plus robustes. Cependant l'on reconnaît par expérience que ceux qui ont tant de force ne sont guère propres à autre chose qu'aux ouvrages matériels et que ceux au contraire qui en ont moins ont ordinairement plus de tête. Les plus habiles philosophes et les plus grands princes ont été assez délicats, et les plus grands capitaines n'eussent peut-être pas voulu lutter contre les moindres de leurs soldats. Qu'on aille dans le parlement, on verra si les plus grands juges égalent toujours en force le dernier de leurs huissiers.

Il est donc inutile de s'appuyer tant sur la constitution du corps pour rendre raison de la différence qui se voit entre les deux sexes par rapport à l'esprit.

Le tempérament ne consiste pas dans un point indivisible, comme on ne peut trouver deux personnes en qui il soit tout semblable, on ne peut non plus déterminer précisément en quoi il diffère. Il y a plusieurs sortes de bilieux, de sanguins et de mélancoliques, et toutes ces diversités n'empêchent pas qu'ils ne soient souvent aussi capables les uns que les autres et qu'il n'y ait d'excellents hommes de toute sorte de tempérament. Et supposant même que celui des deux sexes soit aussi différent qu'on le prétend, il se trouve encore plus de différence entre plusieurs hommes qu'on croit néanmoins capables des mêmes choses. Le plus et le moins étant si peu considérables, il n'y a que l'esprit de chicane qui y fasse avoir égard.

Il y a apparence que ce qui grossit tant en idée la distinction dont nous parlons, c'est qu'on n'examine pas avec assez de précision tout ce que l'on remarque dans les femmes, et ce défaut fait tomber dans l'erreur de ceux qui ayant l'esprit confus ne distinguent pas assez ce qui appartient à chaque chose, et attribuent à l'une ce qui ne convient qu'à l'autre parce qu'ils les trouvent ensemble dans un même sujet. C'est pourquoi voyant dans les femmes tant de différence pour les manières et pour les fonctions, on l'a transportée au tempérament faute d'en savoir la cause.

Quoi qu'il en soit, si on voulait examiner quel est le plus excellent des deux sexes par la comparaison du corps, les femmes pourraient prétendre l'avantage, et sans parler de la fabrique intérieure de leur corps, et que c'est en elles que se passe ce qu'il y a au monde de plus curieux à connaître, savoir comment se produit l'homme qui est la plus belle et la plus admirable de toutes les créatures, qui les empêcherait de dire que ce qui paraît au-dehors leur doit donner le dessus, que la grâce et la beauté leur sont naturelles et particulières, et que tout cela produit des effets autant sensibles qu'ordinaires, et que si ce qu'elles peuvent par le dedans de la tête les rend au moins égales aux hommes, le dehors ne manque presque jamais de les en rendre les maîtresses ?

La beauté étant un avantage aussi réel que la

force et la santé, la raison ne défend pas de s'en prévaloir plutôt que des autres, et si on voulait juger de son prix par les sentiments et par les passions qu'elle excite, comme l'on juge presque de toutes choses, on trouverait qu'il n'y a rien de plus estimable, n'y ayant rien de plus effectif, c'est-à-dire qui remue et agite plus de passions, qui les mêle et les fortifie plus diversement que les impressions de la beauté.

Il ne serait pas nécessaire de parler davantage sur le tempérament des femmes si un auteur autant célèbre que poli ne s'était avisé de le considérer comme la source des défauts qu'on leur attribue vulgairement[1], ce qui aide beaucoup à confirmer les gens dans la pensée qu'elles sont moins estimables que nous. Sans rapporter son sentiment, je dirai que pour bien examiner le tempérament des deux sexes par rapport au vice et à la vertu, il le faut considérer dans un état indifférent, où il n'y ait encore ni vertu ni vice en nature, et alors on trouve que ce qu'on appelle vertu dans un temps, pouvant devenir vice en un autre selon l'usage qu'on en fait, tous les tempéraments sont égaux en ce point-là.

Pour mieux entendre cette pensée, il faut remarquer qu'il n'y a que notre âme qui soit capable de vertu, laquelle consiste en général dans la résolution ferme et constante de faire ce qu'on juge le meilleur selon les diverses occurrences. Le corps

1. Dans son édition critique de *De l'égalité des deux sexes*, Marie-Frédérique Pellegrin y voit une allusion à *L'Art de connaître les hommes* (1660) de Marin Cureau de La Chambre.

n'est proprement que l'organe et l'instrument de cette résolution, comme une épée entre les mains pour l'attaque et pour la défense, et toutes les différentes dispositions qui le rendent plus ou moins propre à cet usage ne doivent être appelées bonnes ou mauvaises que selon que leurs effets sont plus ordinaires, et plus importants pour le bien et pour le mal ; par exemple, la disposition à la fuite pour s'éloigner des maux qui menacent est différente parce qu'il y en a qu'on ne peut éviter autrement ; et alors il est de la prudence de s'enfuir, au lieu que c'est une timidité blâmable de se laisser emporter à la fuite lorsque le mal est surmontable par une généreuse résistance qui produit plus de bien que de mal.

Or l'esprit n'est pas moins capable dans les femmes que dans les hommes de cette ferme résolution qui fait la vertu, ni de connaître les rencontres où il la faut exercer. Elles peuvent régler leurs passions aussi bien que nous et elles ne sont pas plus portées au vice qu'au bien. On pourrait même faire pencher la balance en leur faveur de ce côté-ci, puisque l'affection pour les enfants, sans comparaison plus forte dans les femmes que dans les hommes, est naturellement attachée à la compassion qu'on peut appeler la vertu et le lien de la société civile, n'étant pas possible de concevoir que la société soit raisonnablement établie pour autre chose que pour subvenir aux besoins et aux nécessités communes les uns des autres. Et si on regarde de près comment se forment en nous les passions, on trouvera que de la façon que les femmes contribuent à la production et à l'éducation des hommes, c'est comme une suite naturelle qu'elles les traitent dans leurs afflictions, en quelque manière comme leurs enfants.

Que la différence qui se remarque entre les hommes et les femmes pour ce qui regarde les mœurs vient de l'éducation qu'on leur donne.

Et il est d'autant plus important de remarquer que les dispositions que nous apportons en naissant ne sont ni bonnes ni mauvaises qu'on ne peut autrement éviter une erreur assez ordinaire par laquelle on rapporte souvent à la nature ce qui ne vient que de l'usage.

L'on se tourmente l'esprit à chercher la raison pourquoi nous sommes sujets à certains défauts et avons des manières particulières, faute d'avoir observé ce que peuvent faire en nous l'habitude, l'exercice, l'éducation et l'état extérieur, c'est-à-dire le rapport de sexe, d'âge, de fortune, d'emploi, où l'on se trouve dans la société, étant certain que toutes ces différentes vues, diversifiant en une infinité de manières les pensées et les passions, disposent pareillement les esprits à regarder tout autrement les vérités qu'on leur présente. C'est pour cela qu'une même maxime proposée en même temps à des bourgeois, à des soldats, à des juges et à des princes les frappe et les fait agir si différemment, parce que les hommes ne se souciant guère que de l'extérieur le regardent comme la mesure et la règle de leurs sentiments, d'où vient que les uns laissent passer comme inutile ce qui occupe fortement les autres, que les gens d'épée se choquent de ce qui flatte les gens de robe, et que des personnes de même tempérament prennent quelquefois à contresens certaines choses qui entrent du même biais dans l'esprit de personnes de constitution différente mais qui ont la même fortune ou la même éducation.

Ce n'est pas qu'on prétende que tous les hommes apportent au monde la même constitution corporelle. Ce serait une prétention mal fondée : il y en a de vifs et de lents ; mais il ne paraît pas que cette diversité empêche aucunement les esprits de recevoir la même instruction, tout ce qu'elle fait c'est que les uns la reçoivent plus vite et plus heureusement que les autres. Ainsi quelque tempérament qu'aient les femmes, elles ne sont pas moins capables que nous de la vérité et de l'étude. Et si l'on trouve à présent en quelques-unes quelque défaut ou quelque obstacle, ou même que toutes n'envisagent pas les choses solides comme les hommes, à quoi pourtant l'expérience est contraire, cela doit être uniquement rejeté sur l'état extérieur de leur sexe et sur l'éducation qu'on leur donne, qui comprend l'ignorance où on les laisse, les préjugés ou les erreurs qu'on leur inspire, l'exemple qu'elles ont de leurs semblables, et toutes les manières à quoi la bienséance, la contrainte, la retenue, la sujétion et la timidité les réduisent.

En effet on n'oublie rien à leur égard qui serve à les persuader que cette grande différence qu'elles voient entre leur sexe et le nôtre, c'est un ouvrage de la raison ou d'institution divine. L'habillement, l'éducation et les exercices ne peuvent être plus différents. Une fille n'est en assurance que sous les ailes de sa mère ou sous les yeux d'une gouvernante qui ne l'abandonne point. On lui fait peur de tout : on la menace des esprits dans tous les lieux de la maison où elle se pourrait trouver seule, dans les grandes rues et dans les temples mêmes il y a quelque chose à craindre si elle n'y est escortée. Le grand soin que l'on prend de la parer y applique tout son esprit : tant de regards qu'on lui jette et tant de discours qu'elle entend sur la beauté y attachent toutes ses pensées et les compliments qu'on lui rend sur ce sujet font qu'elle y met tout son bonheur. Comme on ne lui parle d'autre chose, elle y borne tous ses desseins et ne porte point ses vues plus haut. La danse, l'écriture et la lecture sont les plus grands exercices des femmes, toute leur bibliothèque consiste dans quelques petits livres de dévotion, avec ce qui est dans la cassette[1].

Toute leur science se réduit à travailler de l'aiguille. Le miroir est le grand maître et l'oracle qu'elles consultent. Les bals, les comédies, les modes sont le sujet de leurs entretiens, elles regardent les cercles comme de célèbres académies où elles vont s'instruire de toutes les

1. Petit coffre dans lequel on tient ses objets les plus précieux.

nouvelles de leur sexe. Et s'il arrive que quelques-unes se distinguent du commun par la lecture de certains livres qu'elles auront eu bien de la peine à attraper à dessein de s'ouvrir l'esprit, elles sont obligées souvent de s'en cacher, la plupart de leurs compagnes par jalousie ou autrement ne manquant jamais de les accuser de vouloir faire les précieuses.

Pour ce qui est des filles de condition roturière, contraintes de gagner leur vie par leur travail, l'esprit leur est encore plus inutile. On a soin de leur faire apprendre un métier convenable au sexe aussitôt qu'elles y sont propres, et la nécessité de s'y employer sans cesse les empêche de penser à autre chose, et lorsque les unes et les autres élevées de cette façon ont atteint l'âge du mariage, on les y engage ou bien on les confine dans un cloître où elles continuent de vivre comme elles ont commencé.

En tout ce qu'on fait connaître aux femmes voit-on rien qui aille à les instruire solidement ? Il semble au contraire qu'on soit convenu de cette sorte d'éducation pour leur abaisser le courage, pour obscurcir leur esprit et ne le remplir que de vanité et de sottises, pour y étouffer toutes les semences de vertu et de vérité, pour rendre inutiles toutes les dispositions qu'elles pourraient avoir aux grandes choses, et pour leur ôter le désir de se rendre parfaites, comme nous, en leur en ôtant les moyens.

Lorsque je fais attention sur la manière dont on regarde ce que l'on croit voir en elles de défectueux, je trouve que cette conduite a quelque chose d'indigne de personnes douées de raison. S'il y a également à redire dans les deux sexes, celui qui accuse l'autre pèche contre l'équité naturelle ; s'il y a plus de mal dans le nôtre et que nous ne le voyions pas, nous sommes des téméraires de parler de ceux d'autrui ; si nous le voyons et que nous n'en disions rien, nous sommes injustes de blâmer l'autre qui en a moins. S'il y a plus de bien dans les femmes que dans les hommes, ceux-ci doivent être accusés d'ignorance ou d'envie de ne le pas reconnaître. Quand il y a plus de vertu que de vice dans une personne, l'un doit servir à excuser l'autre ; et lorsque les défauts qu'elle a sont insurmontables, et que les moyens de s'en défaire ou de s'en garantir lui manquent, comme ils manquent aux femmes, elle est digne de compassion non de mépris. Enfin si ces défauts sont légers ou seulement apparents, c'est imprudence, ou malice de s'y arrêter, et il n'est pas difficile de montrer qu'on en use ainsi vulgairement à l'égard des femmes.

On dit qu'elles sont timides et incapables de défense, que leur ombre leur fait peur, que le cri d'un enfant les alarme et que le bruit du vent les fait trembler. Cela n'est pas général. Il y a quantité de femmes aussi hardies que des hommes et l'on sait que les plus timides font souvent de nécessité vertu. La timidité est presque inséparable de la vertu et tous les gens de bien en ont. Comme ils ne veulent faire mal à personne, et qu'ils n'ignorent pas combien il y a de méchanceté parmi les hommes, il faut peu de chose pour leur inspirer de la crainte. C'est une passion naturelle dont personne n'est exempt ; tout le monde craint la mort et les incommodités de la vie, les princes les plus puissants appréhendent la révolte de leurs sujets et l'invasion de leurs ennemis, et les plus vaillants capitaines d'être pris au dépourvu.

La crainte est grande à proportion des forces qu'on croit avoir pour résister, et elle n'est blâmable que dans ceux qui sont assez forts pour repousser le mal qui les menace ; et l'on serait aussi déraisonnable d'accuser de lâcheté un juge et un homme de lettre qui n'auraient pensé qu'à l'étude de refuser de se battre en duel que d'accuser un soldat qui aurait toujours porté les armes de ne vouloir pas entrer en dispute contre un savant philosophe.

L'on élève les femmes d'une manière qu'elles ont sujet de tout appréhender. Elles n'ont point de lumières pour éviter les surprises dans les choses de l'esprit. Elles n'ont point de part aux exercices qui donnent l'adresse et la force pour l'attaque et pour la défense. Elles se voient exposées à souffrir impunément les outrages d'un sexe si sujet aux emportements, qui les regarde avec mépris et qui traite souvent ses semblables avec plus de cruauté et de rage que ne font les loups à l'égard les uns des autres.

C'est pourquoi la timidité ne doit point passer dans les femmes pour un défaut mais pour une passion raisonnable, à laquelle elles doivent la pudeur qui leur est si particulière et les deux plus grands avantages de la vie, qui sont l'inclination à la vertu et l'éloignement du vice, ce que la plupart des hommes ne peuvent acquérir avec toute l'éducation et toutes les lumières qu'on leur donne.

La crainte de manquer de bien est la cause ordinaire de l'avarice. Les hommes n'y sont pas moins sujets que les femmes, et si l'on venait à compter, je ne sais si le nombre des premiers ne se trouverait pas le plus grand et leur avarice la plus blâmable. Comme il n'y a pas loin des deux vices à la vertu qui tient le milieu, on prend assez souvent l'un pour l'autre et on confond l'avarice avec une louable épargne.

Une même action pouvant être bonne en l'un et mauvaise en l'autre, il arrive souvent que ce qui est mal en nous ne l'est point du tout dans les femmes. Elles sont privées de tous les moyens de faire fortune par leur esprit, l'entrée des sciences et des emplois leur étant fermée, et ainsi étant moins en état de se garantir des malheurs et des incommodités de la vie, elles doivent en être plus touchées. Il ne faut donc pas s'étonner que voyant avec cela qu'on a tant de peine à acquérir un peu de bien, elles aient soin de le conserver.

Si elles reçoivent si aisément ce qu'on leur dit, c'est un effet de leur simplicité qui les empêche de croire que ceux qui ont autorité sur elles soient ignorants, ou intéressés, et l'on pèche contre la justice de les accuser de crédulité puisqu'il y en a encore plus parmi nous. Les plus habiles ne se laissent que trop leurrer par une fausse apparence, et souvent toute leur science n'est qu'une basse crédulité, mais un peu plus étendue que celle des femmes ; je veux dire qu'ils ne sont plus savants que les autres que parce qu'ils ont donné plus légèrement leur consentement à un plus grand nombre de choses dont ils ont retenu les idées, telles quelles, à force de repasser pardessus.

Ce qui fait la timidité des femmes est ce qui produit la superstition que les savants mêmes leur attribuent ; mais il paraît qu'ils sont en cela semblables à ceux qui ayant plus de tort se persuadent avoir plus de raison parce qu'ils crient plus haut que les autres. Ils s'imaginent être exempts eux-mêmes de superstition parce qu'ils en voient dans quelques femmes peu éclairées, pendant qu'ils y sont eux-mêmes plongés misérablement jusqu'aux yeux.

Quand tous les hommes seraient de véritables adorateurs de Dieu en esprit et en vérité, et que les femmes lui rendraient en tout un culte superstitieux, elles en seraient excusables. On ne leur apprend point à connaître Dieu par elles-mêmes ; elles n'en savent que ce qu'on leur en dit, et comme la plupart des hommes en parlent d'une manière si peu digne de ce qu'il est et ne le distinguent de ses créatures que par la qualité de créateur, il ne faut pas s'étonner que les femmes, ne le connaissant que sur leur rapport, l'adorent par religion avec les mêmes sentiments qu'elles ont pour les hommes, qu'elles craignent et qu'elles révèrent.

Il y a des gens qui croient bien mortifier les femmes en leur disant qu'elles ne sont toutes que des babillardes. Elles ont raison de se fâcher d'un reproche si impertinent. Leur corps se trouve si heureusement disposé par le tempérament qui leur est propre qu'elles conservent distinctement les impressions des objets qui les ont frappées ; elles se les représentent sans peine et s'expriment avec une facilité admirable. Cela fait que les idées qu'elles ont se réveillant à la moindre occasion, elles commencent et continuent la conversation comme il leur plaît, et la pénétration de leur esprit leur donnant moyen d'apercevoir aisément les rapports des choses, elles passent sans peine d'un sujet à l'autre et peuvent ainsi parler longtemps sans laisser mourir le discours.

L'avantage de la parole est naturellement accompagné d'un grand désir de s'en servir dès que l'occasion s'en présente. C'est le seul lien des hommes dans la société, et plusieurs trouvent qu'il n'y a point de plus grand plaisir ni plus digne de l'esprit que de communiquer ses pensées aux autres. C'est pourquoi les femmes pouvant parler aisément, et étant élevées avec leurs semblables, il y aurait à redire qu'elles manquassent de s'entretenir. Elles ne doivent donc passer pour babillardes que lorsqu'elles parlent mal à propos et de choses qu'elles n'entendent point sans dessein de s'en faire instruire.

Il ne faut pas s'imaginer qu'on ne babille que quand on parle sur les habits et sur les modes. Le babil des nouvellistes[1] est souvent plus ridicule. Et cette quantité de mots entassés les uns sur les autres, et qui ne signifient rien dans la plupart des

1. Ceux qui colportent les nouvelles.

ouvrages, sont un caquet bien plus sot que celui des plus petites femmes. Au moins peut-on dire que les discours de celles-ci sont réels et intelligibles et qu'elles ne sont pas assez vaines pour s'imaginer comme la plupart des savants être plus habiles que leurs voisines parce qu'elles disent plus de paroles qui n'ont point de sens. Si les hommes avaient la langue aussi libre, il serait impossible de les faire taire. Chacun s'entretient de ce qu'il sait : les marchands de leur négoce, les philosophes de leurs études et les femmes de ce qu'elles ont pu apprendre et elles peuvent dire qu'elles s'entretiendraient encore mieux et plus solidement que nous, si on avait pris autant de peine à les instruire.

Ce qui choque certaines personnes dans les entretiens des femmes, c'est qu'elles témoignent une grande envie de savoir tout. Je ne sais pas quel est le goût des gens auxquels il ne plaît pas que les femmes soient si curieuses ; pour moi je trouve bon qu'on ait de la curiosité et je conseille seulement de faire en sorte qu'elle ne soit pas importune.

Je regarde les conversations des femmes comme celles des philosophes où il est permis également de s'entretenir des choses dont on n'a point la connaissance, et il y a des contretemps dans les unes et dans les autres.

C'est l'ordinaire de beaucoup de gens de traiter les curieux comme des mendiants. Lorsqu'ils sont en humeur de donner, ils ne se fâchent point qu'on leur demande, et quand ils ont envie de découvrir ce qu'ils savent, ils sont bien aises qu'on les prie, sinon ils ne manquent pas de dire qu'on a trop de curiosité. Parce qu'on s'est forgé que les femmes ne doivent point étudier, on se formalise qu'elles demandent d'être informées de ce qu'on apprend par l'étude. Je les estime d'être curieuses et je les plains de n'avoir pas les moyens de se satisfaire en cela, n'en étant souvent empêchées que par une juste appréhension de s'adresser à des esprits sots et bourrus de qui elles se verraient moquées au lieu d'en recevoir de l'instruction. Il me paraît que la curiosité est une marque des plus certaines d'un bon esprit et plus capable de discipline. C'est une connaissance commencée qui nous fait aller plus vite et plus loin dans le chemin de la vérité. Lorsque de deux personnes qui sont touchées d'une même chose, l'une la regarde indifféremment et que l'autre s'en approche à dessein de la mieux voir, c'est signe que celle-ci a les yeux plus ouverts. L'esprit est dans les deux sexes également propre aux sciences et le désir qu'il en peut avoir n'est pas plus blâmable en l'un qu'en l'autre. Lorsqu'il se sent frappé d'une chose qu'il ne voit qu'obscurément, il semble que c'est par un droit naturel qu'il veut en être éclairci, et l'ignorance étant le plus fâcheux esclavage où il se puisse trouver, il est aussi déraisonnable de condamner une personne qui tâche de s'en tirer qu'un misérable qui s'efforcerait de sortir d'une prison où on le tiendrait enfermé.

Entre tous les défauts que l'on donne aux femmes, l'humeur inconstante et volage est celle qui fait plus de mécontents. Cependant les hommes n'y sont pas moins sujets, mais parce qu'ils se voient les maîtres, ils se figurent que tout leur est permis et qu'une femme s'étant une fois attachée à eux, le lien ne doit être indissoluble que de sa part, quoi qu'ils soient tous deux égaux et que chacun y soit pour soi.

On ne s'accuserait pas si souvent de légèreté les uns et les autres, si on observait qu'elle est naturelle aux hommes, et que qui dit mortel, dit inconstant et que c'est une nécessité indispensable de l'être de la manière que nous sommes faits. Nous ne jugeons des objets, nous ne les aimons ou haïssons que sur les apparences qui ne dépendent point de nous. Les mêmes choses nous paraissent diversement, tantôt parce qu'elles ont souffert quelque changement, tantôt parce que nous en avons souffert nous-mêmes. La même viande plus ou moins assaisonnée, chaude ou froide, nous cause des sentiments tout différents, et demeurant la même, nous en serions autrement touchés en maladie qu'en santé. Dans l'enfance, nous sommes indifférents pour des choses que nous regardons dix ans après avec passion, parce que le corps est changé.

Si une personne a de l'amour pour nous, c'est qu'elle nous croit aimables, et si une autre nous hait, c'est que nous lui paraissons haïssables. Nous estimons en un temps ceux que nous méprisions auparavant, parce qu'ils ne nous ont pas toujours paru de même, soit qu'eux ou nous ayons changé. Et tel objet s'étant présenté au cœur en a trouvé la porte ouverte, qui lui aurait été fermée un quart d'heure plus tôt ou plus tard.

Le partage où nous nous trouvons souvent entre deux mouvements contraires que nous cause un même objet nous convainc malgré nous que les passions ne sont point libres et qu'il est injuste de se plaindre d'être considéré autrement que l'on voudrait. Comme il faut peu de chose pour donner de l'amour, il en faut peu aussi pour le faire perdre, et cette passion ne dépend pas plus de nous dans son progrès que dans sa naissance. De dix personnes qui aspirent à être aimées, il arrive ordinairement que celle qui aura moins de mérite, moins de naissance et de bonne mine l'emportera sur les autres parce qu'elle aura l'air plus gai, ou quelque chose plus à la mode ou à notre goût dans la disposition où nous nous trouvons alors.

Bien loin de faire tort aux femmes en les accusant d'être plus artificieuses que les hommes, on parle pour elles, si on sait ce que l'on dit, puisqu'on reconnaît par là qu'elles sont aussi plus spirituelles et plus prudentes. L'artifice est une voie secrète pour arriver à son but sans en être détourné. Il faut de l'esprit pour découvrir cette voie et de l'adresse pour s'y conduire, et l'on ne peut trouver à redire qu'une personne mette en usage l'artifice pour éviter d'être trompée. La fourbe est bien plus pernicieuse et plus ordinaire dans les hommes, ç'a toujours été le chemin le plus commun pour entrer dans les postes et dans les emplois où l'on peut faire plus de mal, et au lieu que les hommes qui veulent tromper emploient leurs biens, leurs lumières et leur puissance dont on est rarement à couvert, les femmes ne peuvent se servir que des caresses et de l'éloquence, qui sont des moyens naturels dont on peut plus aisément se garantir quand on a sujet de s'en défier.

Pour comble d'accusation et de défaut, on dit que les femmes sont plus malicieuses et plus méchantes que les hommes, et tout le mal dont on les peut charger est renfermé dans cette pensée. Je ne crois pas que ceux qui l'ont prétendent qu'il y ait plus de femmes que d'hommes qui fassent du mal. Ce serait une fausseté manifeste. Elles n'ont point de part aux emplois ni aux charges dont l'abus est cause de toutes les calamités publiques, et leur vertu est trop exemplaire, et le désordre des hommes trop connu, pour les révoquer en doute.

Lors donc que l'on dit des femmes qu'elles ont plus de malice, cela ne peut signifier autre chose sinon que quand elles se portent au mal, elles le font plus adroitement et le poussent plus loin que les hommes. Soit. Cela marque en elles un très solide avantage. On ne peut être capable de beaucoup de mal sans avoir beaucoup d'esprit et sans être aussi par conséquent capable de beaucoup de bien. Ainsi les femmes ne doivent pas tenir ce reproche plus injurieux que celui qu'on ferait aux riches et aux puissants d'être plus méchants que les pauvres parce qu'ils ont plus de quoi nuire, et les femmes pourraient répondre comme eux que si elles peuvent faire du mal, elles peuvent aussi faire du bien, et que si l'ignorance où on les laisse est cause qu'elles sont plus méchantes que nous, la science au contraire les rendrait beaucoup meilleures.

Cette petite discussion des plus signalés défauts qu'on croit particuliers et naturels au beau sexe fait voir deux choses, l'une qu'ils ne sont pas si considérables que le vulgaire se l'imagine et l'autre qu'ils peuvent être rejetés sur le peu d'éducation qu'on donne aux femmes, et que tels qu'ils soient, ils peuvent être corrigés par l'instruction dont elles ne sont pas moins capables que nous.

Si les philosophes avaient suivi cette règle pour juger de tout ce qui concerne les femmes, ils en auraient parlé plus sainement et ne seraient point tombés à leur égard dans des absurdités ridicules. Mais la plupart des Anciens et des Modernes n'ayant bâti leur philosophie que sur des préjugés populaires, et ayant été dans une grande ignorance d'eux-mêmes, ce n'est pas merveille qu'ils aient si mal connu les autres. Sans nous mettre en peine des Anciens, on peut dire des Modernes que la manière dont on les enseigne, leur faisant croire quoique faussement qu'ils ne peuvent devenir plus habiles que ceux qui les ont précédés, les rend esclaves de l'Antiquité et les porte à embrasser aveuglément tout ce qu'ils y trouvent, comme des vérités constantes. Et parce que tout ce qu'ils disent contre les femmes est fondé principalement sur ce qu'ils ont lu dans les Anciens, il ne sera pas inutile de rapporter ici quelques-unes des plus curieuses pensées sur ce sujet que nous ont laissées ces illustres morts dont on révère tant aujourd'hui les cendres et la pourriture même.

Platon le père de la philosophie ancienne remerciait les dieux de trois grâces qu'ils lui avaient faites, mais particulièrement de ce qu'il était né homme et non pas femme. S'il avait en vue leur condition présente, je serais bien de son avis ; mais ce qui fait juger qu'il avait autre chose dans l'esprit, c'est le doute qu'on dit qu'il témoignait souvent s'il fallait mettre les femmes dans la catégorie des bêtes. Cela suffirait à des gens raisonnables pour le condamner lui-même d'ignorance ou de bêtise, et pour achever de le dégrader du titre de divin qu'il n'a plus que parmi les pédants.

Son disciple Aristote, à qui l'on conserve encore dans les écoles le nom glorieux de génie de la nature sur le préjugé qu'il l'a mieux connue qu'aucun autre philosophe, prétend que les femmes ne sont que des monstres. Qui ne le croirait sur l'autorité d'un personnage si célèbre ? De dire que c'est une impertinence, ce serait trop ouvertement choquer ses suppôts. Si une femme quelque savante qu'elle fût en avait écrit autant des hommes, elle perdrait tout son crédit, et l'on s'imaginerait avoir assez fait pour réfuter une telle sottise que de répondre que ce serait une femme ou une folle qui l'aurait dit. Cependant elle n'aurait pas moins de raison que ce philosophe. Les femmes sont aussi anciennes que les hommes, on les voit en aussi grand nombre et nul n'est surpris d'en rencontrer en son chemin. Pour être monstre, selon la pensée même de cet homme, il faut avoir quelque chose d'extraordinaire et de surprenant. Les femmes n'ont rien de tout cela, elles ont toujours été faites de même, toujours belles et spirituelles, et si elles ne sont pas faites comme Aristote, elles peuvent dire aussi qu'Aristote n'était pas fait comme elles.

Les disciples de cet auteur, qui vivaient du temps de Philon[1], tombèrent dans une pensée non moins grotesque à l'égard des femmes, se figurant, au rapport de cet historien, qu'elles sont des hommes ou des mâles imparfaits. C'est sans doute parce qu'elles n'ont pas le menton garni de barbe : hors de là je n'y comprends rien. Les deux sexes pour être parfaits doivent être comme nous les voyons. Si l'un était semblable à l'autre, ce ne serait aucun des deux. Si les hommes sont les pères des femmes, les femmes sont mères des hommes, ce qui les rend au moins égaux, et on aurait autant de raison que ces philosophes de dire que les hommes sont des femmes imparfaites.

Socrate, qui était pour la morale l'oracle de l'Antiquité, parlant de la beauté du sexe, avait accoutumé de la comparer à un temple bien apparent mais bâti sur un cloaque.

Il ne faut que rire de cette pensée, si elle ne fait pas mal au cœur. Il y a apparence qu'il jugeait du corps des autres par le sien, ou par celui de sa femme qui était une diablesse, qui le faisait détester, et qu'il lui parlait ainsi de son sexe à dessein

1. Philon d'Alexandrie (20 avant J.-C.-50 après J.-C.), philosophe juif acquis à la pensée stoïcienne et platonicienne.

de la faire bouquer[1], et qu'il enrageait dans son âme d'être laid comme un magot.

Diogène, surnommé le chien parce qu'il ne savait que mordre, voyant un jour en passant deux femmes qui s'entretenaient ensemble, dit à ceux de sa compagnie que c'étaient là deux serpents, un aspic et une vipère, qui se communiquaient leur venin. Cet apophtegme* est digne d'un honnête homme, et je ne m'étonne pas qu'on le mette au rang des belles sentences philosophiques. Si Tabarin, Verboquet et l'Espiegle[2] eussent vécu de son temps, il est certain que nous trouverions leurs rencontres plus spirituelles. Le bonhomme était un peu blessé, et ceux qui le connaissent un peu jugent bien qu'il n'avait alors autre chose à dire.

Pour l'admirable et plaisant Démocrite, comme il aimait un peu à rire, il ne faut pas prendre au pied de la lettre tout ce qui est sorti de sa bouche. Il avait la taille fort grande et sa femme des plus petites. Étant un jour interrogé pourquoi il s'était si mal assorti, il répondit en raillant à son ordinaire que lorsqu'on est obligé de choisir et qu'il n'y a rien de bon à prendre, le moindre est toujours le meilleur. Si on eût fait la même demande à sa femme, elle eût pu repartir avec autant de

* *C'est-à-dire sentence d'un homme illustre.*

1. Contraindre à une action qui déplaît.
2. Antoine Girard, dit Tabarin (1584-1626), était un bateleur du théâtre de la foire, Verboquet le Généreux l'auteur des *Délices, ou discours joyeux et récréatifs* (1626) ; l'Espiegle désigne vraisemblablement le personnage facétieux appartenant à la littérature du nord de l'Allemagne.

raison qu'un petit et un grand mari ne valant guère mieux l'un que l'autre, elle avait pris le sien comme à la blanque[1] de peur de prendre le pire en choisissant.

Caton ce sage et sévère critique priait souvent les dieux de lui pardonner, s'il avait été assez imprudent pour confier le moindre secret à une femme. Le bon homme avait à cœur un fait fameux de l'histoire romaine, dont les antiquaires* se servent comme d'un grand argument pour montrer le peu de retenue des femmes. Un enfant de douze ans pressé par sa mère de lui dire la résolution du Sénat, où il avait assisté, inventa pour sa défaite qu'on avait arrêté de donner plusieurs femmes à chaque mari. Elle l'alla dire aussitôt à ses voisines pour prendre des mesures avec elles et toute la ville le sut au bout d'une demi-heure. Je voudrais bien savoir ce que ferait un pauvre mari, si dans un État où les femmes seraient les maîtresses, comme dans celui des Amazones, on lui venait rapporter qu'il aurait été résolu au conseil de donner à chaque homme un compagnon. Sans doute qu'il n'en dirait mot.

Voilà quelques-unes des grandes et sublimes pensées que ceux que les savants étudient comme des oracles ont eues sur le sujet du beau sexe, et ce qu'il y a de plaisant et de bizarre tout ensemble, c'est que des gens graves se servent sérieusement de ce que ces fameux Anciens n'ont dit souvent

* *Les amateurs de l'Antiquité.*

1. Au hasard, comme à la loterie.

que par raillerie. Tant il est vrai que les préjugés et la préoccupation sont faits de bévues à ceux mêmes qui passent pour les plus raisonnables, les plus judicieux et les plus sages.

FIN

Composition : IGS-CP à L'Isle-d'Espagnac (16)
Achevé d'imprimer par Novoprint
le 12 janvier 2015
Dépôt légal : janvier 2015

ISBN : 978-2-07-046216-2/Imprimé en Espagne.